本书献给“中国制造 2025”

工业物联网是智能制造的神经中枢

智能制造

智能物联

生态投资

变革创新

青春奋斗

柯力公司全景图

2021 年宁波制造业数字化转型与智能物联网产业交流会在柯力公司圆满举行

2020 年柯力公司管理评审会议

2021 年柯力公司规划会

2020 年中国国际衡器展览会（南京）

柯力公司物联网国际发布会

董事长柯建东向其母校镇海中学捐赠 2000 万元设立“柯力镇中奖教基金”

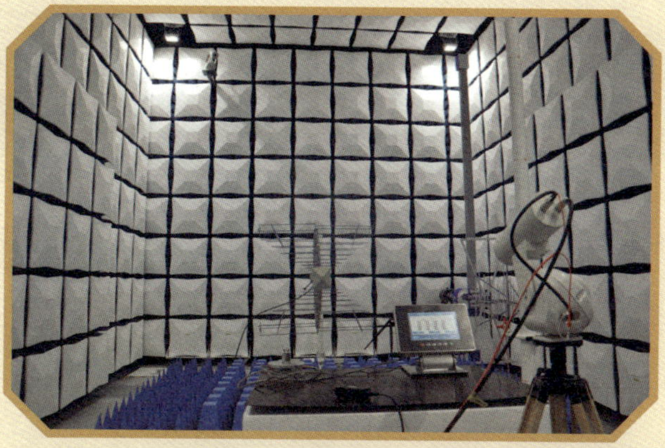

微波暗室

物联网数据中心

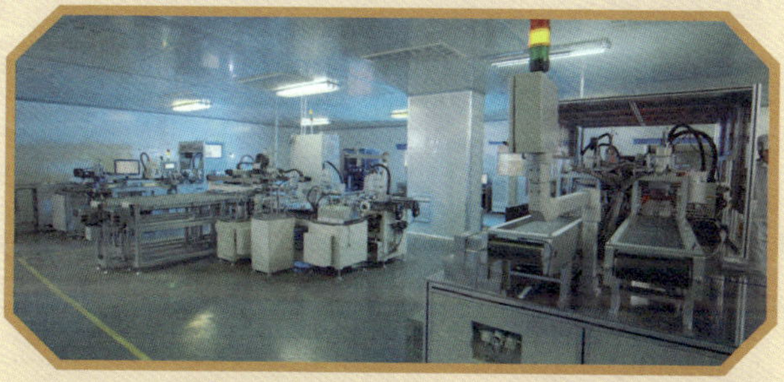

自动化生产车间

激光焊接

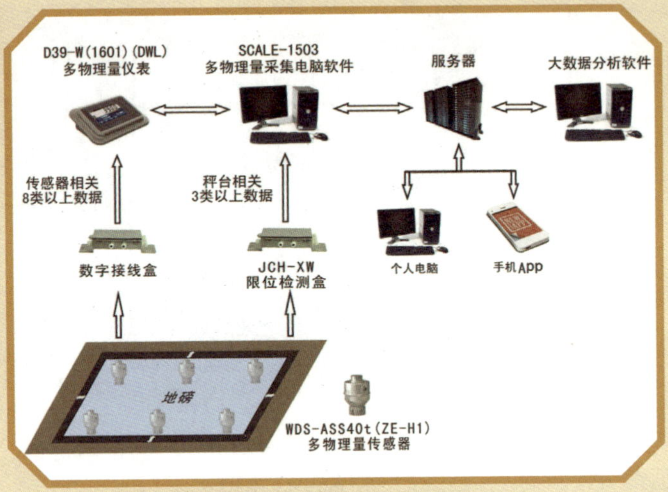

自动故障诊断汽车衡称重系统

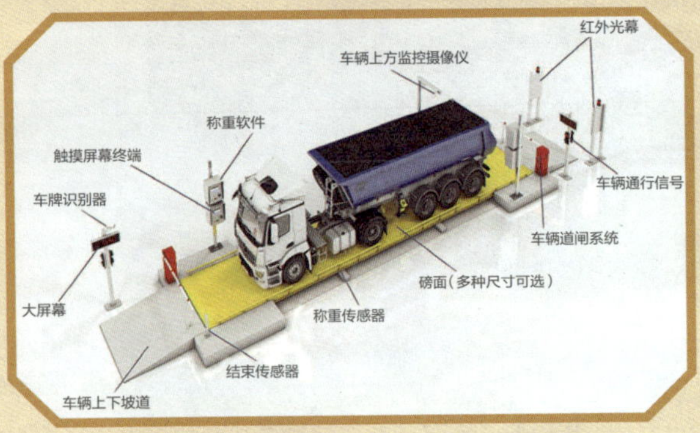

无人值守系统

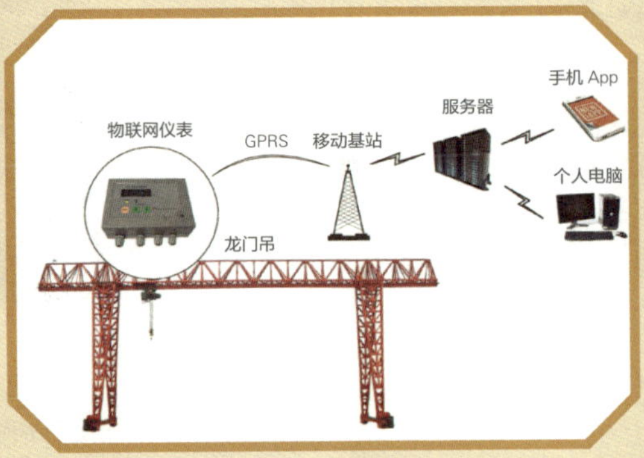

起重物联网系统

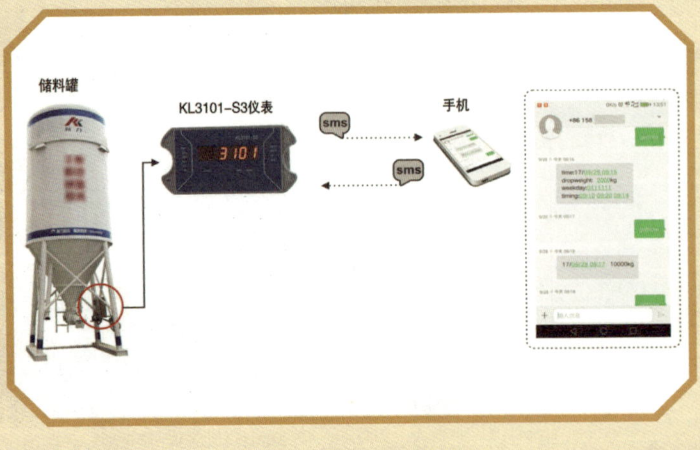

储料罐物联网系统

建机物联网应用

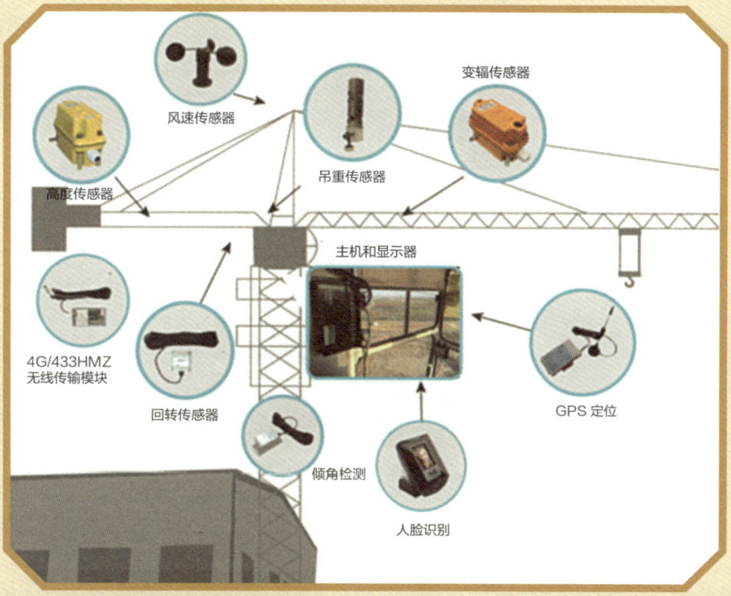

车载物联网应用场景

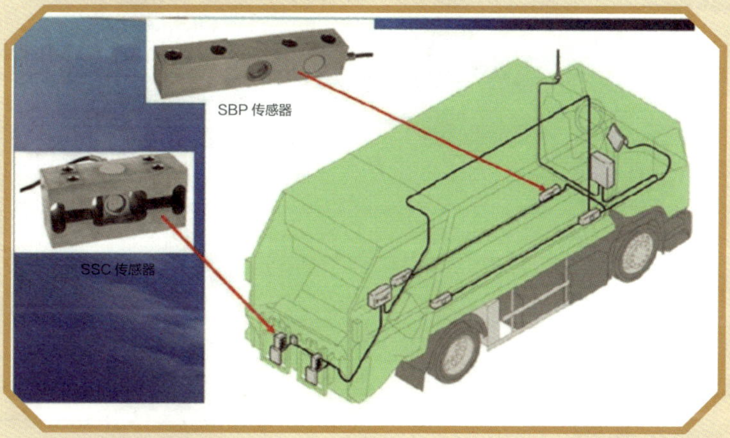

环保物联网应用场景

机器人 3D 视觉及一体式解决方案

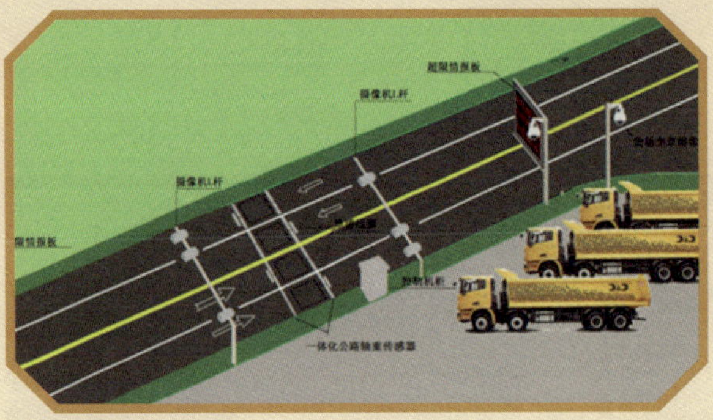

不停车检测系统

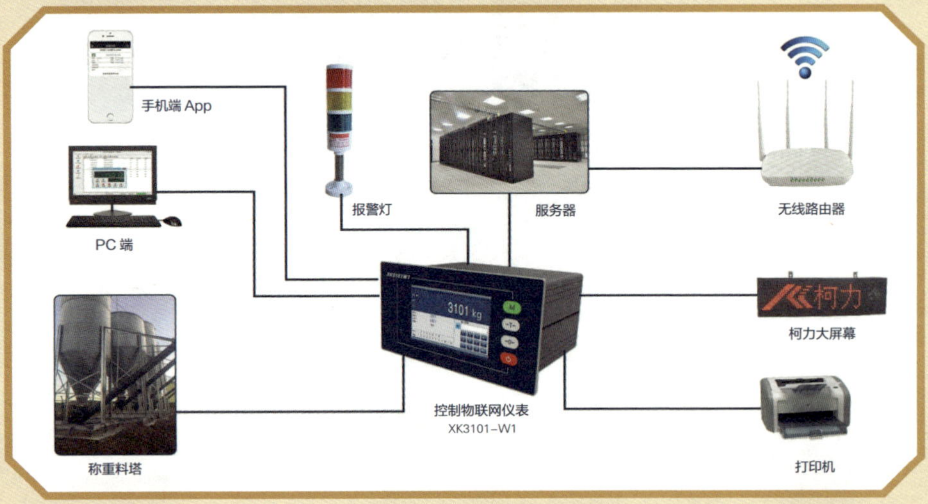

畜牧业物联网行业应用场景

STRATEGIC INNOVATION OF INDUSTRIAL INTERNET OF THINGS

ENTERPRISE GROWTH PATH WITH IN&EXTERNAL STUDIES

工业物联网战略创新

内外兼修的企业成长之路

柯建东　著

宁波出版社
NINGBO PUBLISHING HOUSE

图书在版编目（CIP）数据

工业物联网战略创新：内外兼修的企业成长之路 / 柯建东著．— 宁波：宁波出版社，2021.6
ISBN 978-7-5526-4249-0

Ⅰ．①工… Ⅱ．①柯… Ⅲ．①物联网—应用—工业企业管理 Ⅳ．①F406-39

中国版本图书馆 CIP 数据核字（2021）第 061798 号

工业物联网战略创新：内外兼修的企业成长之路

GONGYE WULIANWANG ZHANLUE CHUANGXIN NEIWAIJIANXIU DE QIYE CHENGZHANG ZHI LU

柯建东　著

责任编辑　孙秀秀
责任校对　虞姬颖
装帧设计　金字斋
出版发行　宁波出版社
（宁波市甬江大道 1 号宁波书城 8 号楼 6 楼　邮编　315040）
印　　刷　宁波白云印刷有限公司
开　　本　710mm × 1000mm　1/16
印　　张　14.75
字　　数　200 千
版　　次　2021 年 6 月第 1 版
印　　次　2021 年 6 月第 1 次印刷
标准书号　ISBN 978-7-5526-4249-0
定　　价　56.00 元

序　言

这是我第三次为柯建东董事长的新书作序。2018年，我作序的第一本书《工业物联网革命：企业战略转型的思考与实践》，记录了柯力传感股份有限公司（下文简称柯力）从2016年起在工业物联网战略转型升级之路上的探索与总结，着眼于工业物联网的发展趋势，对“未来”进行系统布局，从管理到营销，从产品开发到产业建设，从市场分析到物联网前瞻性趋势预判，属于典型的工业物联网产业跨界知识的整合之作。2020年，作序的第二本书《工业物联网再出发：行业生态体系与企业价值体系再造》，反映了柯董事长及柯力上市前后对工业物联网战略转型升级的深入思考和具体实践，清晰地传递了柯力的工业物联网发展战略：将内外所有资源汇聚到物联网发展道路上来，让柯力真正成为国际一流的物联网公司；与此同时，期待以开放包容的精神吸引所有设备厂商加入物联网，以技术进步和法规完善促进企业走向物联网，引领物联网合作伙伴不断转型，以终端市场需求培育和推广，唤醒行业，倒逼行业转型升级，促使整个行业逐步从感觉走向行动，从行动走向商业模式，从商业模式走向生态。

认真阅读了柯建东董事长的这本新书，我有如下几点感受：

第一，柯董事长及柯力的工业物联网战略更清晰、内容更丰富。首先，经过五年艰难探索，逐渐悟出工业物联网与消费互联网有本质区别，其具有一些特性，包括工业物联网的发展不应寄希望于数量的激增，而是应该做精、做细和做透行业物联网产品。工业物联网所带来的价值是隐性的，其商业模式也是隐性的、长期的、协同的；工业物联网主要面向生产制造场景，需要按照每个行业、每个场景的不同需求，进行产品迭代开发。为此，公司明确制造数字化和产品数字化两个发展方向，紧紧围绕公司仪器仪表、智能制造工业机器人和智慧物流三条主线进行战略布局，将核心优势归于称重传感器、压力传感器、流量计传感器、气体传感器和视觉传感器等多类型物理量传感器的协同发展，不断向下游落实物联网应用场景化，进而形成了不停车检测、料罐租赁及建机、自动化控制配料与包装、无人值守与一卡通、环保设备、割胶物联网、畜牧业设备、冶金及化工称重设备和智慧物料物流等物联网事业部"十"箭齐发的良好局面。

第二，公司上市后内涵式增长和外延式扩张双轮驱动，生态投资成特色。坚持战略定力的传感器 + 物联网产业布局，同时考虑产业园区中的产业链分布。纵向专注行业深度，坚持精准化专业化投资布局；横向强调资源整合、产业园资源融合。生态投资沿着横向的节点找短链，沿着纵向的场景找补链，沿着市场的需求找强链，沿着技术轨迹找深链。既让投资企业与公司自身、产业园区企业形成战略支撑，又让投资企业成为客户链或供应链的一环，成为补链、强链的关键点，激活整个产业中的资源，促使资源的整合从量变到质变，积极打造产业生态与资本投资的双融合。

第三，战略和业务升级对公司管理提出更多、更高的要求。新书涉及的管理主题明显比前两本书增加了许多，限于篇幅，这里仅摘录书中"干部管理创新"中的一段话来加以说明："在专业领域上，急需从传统产品走向工业物联网；在产业链上，从核心元件延伸到下游的设备制造和解决方案；在管理广度上，从部门负责人到独立公司经营；在管理深度上，需要从顶层设计上考虑销售收入增长和利润增速；在资源配置上，需要协同公司各个部门进行资源的优化配置和集团公司的资源有效供给；在技术开发中，需要全面推进 IPD 工程和新的平台技术嫁接（如人工智能、大数据云计算、工业软件等新技术）；在市场开拓中，必须要投身一线，发现新的商机，挖掘新的需求，制订新的销售规划和竞争应对措施；在内部挖潜上，要平衡成本控制和员工日益增长的物质、精神需求；在投资领域上，需要结合产业链延伸和自身短板，寻求机遇，与集团投资部共同推进子公司或事业部招商投资。”

第四，鉴于上述三点，人才成为新书最为关注的管理议题。战略选择确定之后，公司的发展状况好坏，干部是决定性因素。柯力在上市后，对干部的管理提出更紧迫、更关键的创新要求。在“物联网战略下的人力变革”中提出要提升老员工素养和转型，实现团队在不断变革中的战略适应；提速新员工人才团队打造，实现企业不断人才辈出的战略支撑。在“战略与人才”中提出企业战略包含市场、人才、核心竞争力三大曲线，其中人才曲线是战略能否成功的关键，额外强调战略人才资源管理的重要性。在“再论物联网战略下的人力体系变革”中更系统地提出人力布局与战略布局要相协同，将人力成本转化为战略前行动力，把人力激发创造能力作为战略发展的核心内容，把加强团队建设作为战略前进的压舱石。

总地来说，此书见证了柯力从常规传感器仪表制造向工业物联网的应用转型，从产品经营向产品、投资、产业生态并行转型。2020 年注定是不平凡的一年，尽管受到新冠肺炎疫情影响，柯力依旧取得了净利润 2.62 亿元（同比上一度年增加 22.4%）的优异成绩，柯董事长也入选国家“万人计划”科技创业领军人才。与此同时，在柯董事长的支持下，武汉大学工商管理本科专业这三年发展相当不错，在 2021 年初获批成为国家级一流本科专业建设点。这里，一并表示祝贺和感谢。

武汉大学经济与管理学院院长 宋敏

目 录

应用与变革——聚焦生产体系创新发展

创收与增益——探求新形势下的营收突破

战略与人才——创造行业价值与竞争优势

夯实与发展——布局和筹建事业部版图

应用与变革

聚焦生产体系创新发展

物联网产业的政策

近年来，国家提出了“新基建”概念，包括5G基站、特高压、城际轨道交通和高速铁路、新能源汽车充电桩、大数据中心、人工智能、工业物联网七大领域。与此同时，新冠疫情也推动了十大无人或非接触式场景的发展，包括无人零售、无人支付、无人仓储、共享出行、个性化教育、个性化媒体、在线直播、智能家居、智能安防和智能医疗。所有推进上述应用场景建设和刺激经济需求的政策，都为物联网产业提供了新的赛道，提出了新的要求。

早在2017年，宁波就成为“中国制造2025”第一批试点城市。2019年，江北区的物联网产业产值已超过200亿元，利税超过15亿元。行业中有宁波水表、三星电表、柯力传感、赛特威尔等6家全国性的行业单项冠军，主要集中于水表、电表、传感器、安防、电力、医疗等多个应用场景。

宁波工业物联网产业园从2017年7月起步，经过两年多的发展，已于2020年实现产值8亿多元，税收3000万元，形成260多家企业、近千名员工的规模。2020年，园区共出租7万多平方米场地，并在建宁波人工智能

2020 宁波·深圳工业物联网发展交流会

研发大厦（使用面积 4 万平方米 ,2021 年 7 月份起入驻），已形成材料、传感器、模组、服务器、大数据云计算、软件、设备制造应用服务等八大节点和注塑机、模具、物流、环保设备、机器人、垃圾环卫设备等十三个行业，涌现十家左右的上规企业和一两家资本市场新三板企业，产业园区正朝着物联网产业综合创新体的方向坚定前行。

在这次新冠疫情的催生下，政府在政策上能够更快、更坚定地推进物联网产业不断向纵深发展，趋势向上，抢占先机。宁波柯力传感科技股份有限公司（后文简称柯力公司）要抓住这一机会，需要尽快完成以下几点举措：

一是尽快出台促进工业物联网进一步发展的相关政策，明确市场布局，整合已落地的产业企业和平台，建立物联网产业统计和分析体系，建立由业主形成的物联网八大节点企业清单和发展总体趋势调研体系，建立物联网应用行业和场景的潜力分析体系。摸清物联网企业在发展过程中遇见的困难和存在的潜力，摸清物联网产业的短板和瓶颈，加快建设甬江科创大走廊中的姚江板块工业物联网产业园，从而制定促进物联网产业发展的专项产业政策。

二是尽快修改《江北区低效闲置的工业用地提质增效的实施方案》，拟对于股权兼并重组用于盘活资源的优势物联网企业，实施交易税减免和每亩土地价格根据产出退返补贴；细化重点工业楼宇分层出售政策，鼓励都市工业推进，并对容积率建设要求作进一步明确；预留培育成长后物联网企业需要的土地空间和中西部省份飞地；将工业物联网产业园区二期更大规模建设纳入市级重大项目重点投资领域。

三是改革招商机制，除了常规的招商思路外，应探索与政府招商机构、第三方招商专业机构合资、合作，建设民营化、市场化的公司；探索根据项目重要性、导向性、数量、质量、落地后产出情况等向政府招商机构、第三方招商专业机构支付信息费用；激励内部企业以商引商和员工合作招商的有效机制，每季度发布招商进展和产业方向目录，整理招商渠道和新的拓展计划，梳理招商成败案例，总结经验，建成招商大数据库，会同第四方招商评估机构，分析招商成功的机理和信息来源筛选的有效性。

四是整合物联网产业人才政策。要打造全国性物联网产业人才专家库和本地物联网平台企业人才库，建立产业发展专家委员会，参与政策的制定和执行；对于物联网企业的紧缺人才，给予个人所得税返还、猎头费用补贴、产业实验班合作资助等；鼓励扩大园区人才公寓可建面积比例。

五是完善物联网产业配套政策。产业基金引入产业园区企业和税收优惠政策，做到招商与投资同步；明确物联网城市客厅建设的总体布局，展示宁波物联网发展生机盎然的样态，公布城市治理、公共安全、市政服务等政府应用场景分布图和后续应用规划；进一步完善政府采购制度和丰富PPP投资项目投资清单，细化物联网智能化园区建设的补贴政策，突显物联网产业与园区建设的契合度；推进建设物联网产业内适应“90后”“00

后”年轻员工创客化生活的配套设施，开拓无人化、非接触式智能制造领域，挖掘新的经济起点和孵化新的赛道，实现生产、生活、生态“三生”融合，打造产城一体的新型物联网社区。

行业物联网应用策略

物联网的应用落地，始终是柯力公司发展的核心问题，只有应用落地，才能实现公司跨越式的新发展。要达到这一目的，要注意以下几个方面：

一是抓住物联网时代机遇。

要着眼物联网的应用价值，迎接物联网应用时代的到来。无论是在业务市场上，还是在研发投资时，柯力公司的所有员工都应该时刻关注物联网的应用场景，尤其是称重传感器的应用；积极开展物联网应用征文，探索开设物联网应用专栏，鼓励业务员将平时观察写成月底总结报告；激励研发部门的自主创新积极性；积极利用各类投资渠道和人脉，收集物联网信息，并开展各项投资。

在迈向工业 4.0 的进途中，任何设备都将迈向自动化、信息化、智能化“三化”融合，任何设备都将连接传感器、软件、模组、通信技术、大数据云计算和设备应用服务，平台计划与传统设备的结合是迈向物联网的必由之路。需要说明的是，有了各类技术后，设备物联网化到底要解决什么问题，创造什么价值，是目前终端用户最关注的问题，也是物联网成败的关键。物联网之所以雷声大雨点小，核心问题在于应用价值落地不够，用户仍认为物联网设备带来的价值不足以吸引自己支付相关费用。因此，在物联网发展的每个机会上，必须关注最终的落地价值，如数据准确性要求；节省人力；提升设备精度和延长设备寿命；提升设备效率、质量，降低成本；增强设备服务的及时性、准确性、完整性和在线检测必要性；延长设备自身的生命周期及提升运用监管的效果等。

在物联网应用中，我们必须要想明白，落地的物联网到底能带来什么，从而催生物联网的新事业部，促进物联网事业部业务的发展。

二是打造物联网应用场景。

从自动化、信息化入手，逐步深入物联网新产品。

在物流行业中，重点抓好智能物流快递设备，要从传统称重计价秤或电子平台称重，质变为运用智能物流设备，把传统产品衡器作为设备的组成部分，且占比很小。要增加设备触摸屏、扫描仪，身份证 NFC 系统、扫码仪、自动支付系统、打印仪、人脸识别系统、人机对话等硬软件集成，实现物流门店基础上的自动物料识别、自动身份核对、自动结算、自动打印面单、自动扫码派件出库、自动收发件、自动物流查询、余额充值等多种功能，实现物流快递行业物联网设备化。

智能货柜物联网设备由高精度秤、信号转换器及仓库物料管理软件组成（可以同时对接 ERP 系统），该系统通过称重技术获取每个物料的料位信息，基于实时监控软件、云数据库软件，实现实时监控，可设置最低或最高的库存报警系统，可查询历史记录，与 ERP 系统实时联网实时称重校准，判断是否需要通知补货，登录软件通过 RFID 刷卡识别，实现实时存取。在深化系统与企业应用 ERP 系统对接的同时，新增合理存量等数据管理应用功能。

智能垃圾分类管理系统主要由运营服务、两大硬件设备（智能垃圾分类主机、智能垃圾分类投放箱）、平台服务和微信平台组成，通过 RFID 或二维码技术，建立一户一码或实名制，通过智能技术手段实施垃圾分类投放，做到垃圾减量化、资源化、无害化。其主机包括触摸一体机、PLC 控制器、标码或刷卡一体机等，智能垃圾分类投放箱有电动推杆、光幕安全光栅、防夹手装置。

在环保物、危废物品物联网系统中，创新的物联网全过程包括危废物品产生、收集、运输、分类、检测、包装、综合利用、贮存、处理，按规定采取了量化、可视化、数据化的管理办法，实时监控危废物品的实际状态，将危废物品产生企业、运输企业、处置企业、管理部门有机结合在一起，实现危废物品全生命周期的监管，后续再对已形成的大数据进行分析，建立平台预警机制。

在称重系统物联网产品上，重点推进无人值守业务，借助销售部、国贸部、物联网子公司渠道，建立独立的一卡通销售团队。考虑资本运作于无人值守或一卡通项目，通过原来的衡器部项目、客户项目、网络招投标，直接以行业为主线进行地毯式走访，以砂石、骨料、物流、化工等行业为切入点，提前形成规范的行业开拓样本资料和视频。结合其他应用性物联网需

车载物联网

求及大数据公司业务，进行行业特性需求产品的软硬件定制化，逐步积累客户，深化称重物联网公司故障报警、大数据分析、在线检测等优势，为工业物联网事业四部发展奠定基础。

三是建立物联网的转型换道，以全新管理机制实现物联网战略愿景。

我们的愿景是让设备充满智慧及人性，让传感器产业在人类感知世界上发挥更大作用。

在研发管理上，要提升物联网平台的前瞻性，延长基础性项目提成年限，根据前三年的销售情况，对物联网研发、培育时间较长的产品，再延长一到三年，提成比例不低于最后一年的比例；鼓励研发部门自主研发，对含物联网功能的系统集成项目予以毛利率新增百分之一到二的提成奖励。落实大数据、图像合成、神经网络、无限低功耗、Linux、动态算法等研发人才队伍建设,在年内组建人工智能和大数据分析技术部门。

在业务管理上，招聘方向调整为物色专业背景 + 市场洞察类型的业务员，人才以具备产品开发思路和物联网产品应用洞察力为特征，尤其关注智能制造、工业物联网平台、柔性定制、生命周期、信息化与智能化融合、共享生产、供应链集成、系统集成应用等新模式。提高业务员的基本工资，设立新产品、新行业、新场景、新业态的发现奖金，按照业务模式包括设备销售、租赁、改造、运营服务的营收，设置不同的提成方法，健全业务、技术、项目经理、业务经理、内勤、服务团队综合提成体系，完善离职、入职流程和费用控制办法，关注回款风险控制和客户关系提升两大业务核心。

在服务管理上，重点建立服务分部人员物联网应用岗位技能的等级考试制度，通过培训提升软件调试能力。使服务分部部分人员和事业部自身服务人员转型为以物联网应用为核心的员工，同时加强服务意识，提高监管服务效率。要科学制订服务效率提升的方案，尤其是在服务前的准备、服务后的总结、物联网应用用户最终意见的反馈和产品改善应用方面。

在人力资源管理上，把物联网人才平台建立在合伙人及股权激励机制的基础上，建立子公司中高层人员跟投机制，在物联网学院开展物联网沙龙或论坛活动。在绩效考核上，面向市场培育和产品迭代开发，提高市场投入和人才增值，舍得投入培育成本，慎重施行无跟投机制治理模式和应收款风险经营模式，充分融合文化、人才、市场三要素，培养物联网价值观的人才，这是人力资源管理的重点。

在投资领域上，不论是核心元件，如传感器、仪表，还是物联网平台类，最终总有一支伸向物联网。如果从纯设备角度来看，作为供应商，关键是提升性价比和产品研发创新。从设备物联网投资角度来看，要注意的是应用场景价值落地、行业竞争门槛、经营模式壁垒和盈利空间及时间。要分清真假需求、真假商业模式和真假物联网应用。

只有用心培育、耐心等待、全心跟进，才能使物联网应用逐步生根发芽，从而迎接产业的春天。

研发体系改革

研发作为柯力公司的战略核心，居于十分重要的地位。随着柯力公司战略的变化，研发体系必须做出变革，才能适应市场的需求，打破竞争壁垒，只有深入变革，才能成就公司的发展。怎么达成这一目标呢？我们要从以下几个方面努力：

一是清晰定位研发的两大体系。

将前瞻性、基础性、平台性的研发和应用型、订单型、市场型的研发区分出来。

前瞻性的项目有人工智能中的人机对话、图像合成、机器学习、神经网络等，有大数据分析中的设备选型、质量预判、可预测性维护、设备生命周期分析等，还有声控、手势仪表等。基础性的项目有同轴度、深孔贴片、机械手贴片、高精度高稳定研究、铝合金蠕变角差改善、弹模一致性、自故障分析和报警、高速动态、无线低功耗、多维力多分力传感器等。平台性的项目有 App 及 UI 设计、云计算识别、无线充电技术、Linux 技术、CAN、AI 检测、人脸识别、NFC、5G应用等。

此类研发体系主要将新技术应用于改造老产品，使老产品质变，增加新技术内涵，或者打造新技术下的全新产品。这些项目起到行业发展的引领作用，体现自动化、信息化、智能化“三化”融合趋势，是呈现未来三到五年技术潮流和潜在需求下前瞻性、重大性、储备性的产品系列。

而应用型产品研发则面向订单型产品，直接按客户需求执行研发流程；面向竞争，与对手比拼性价比，或者提升价格竞争力和功能特色，从而超越对手；面向市场潜在需求，经过产品经理或市场经理认真调研后确认市场需求；面向老产品，通过降低成本、优化功能，来满足现有的客户需求；面向企业产品差异化体系，打造高、中、低不同层次的产品，供客户选择，加强差异化核心元件选型开发；面向产品本身，进一步完善和提升功能，加强研发等。

二是深入研究新产品销售两极趋势。

针对产品销量为零或较低的产品，若是竞争对手型产品，研发经理必须对市场作出明晰分析：高端的竞争对手型产品重在定价策略和品牌建设，要根据不同客户群体进行功能切入或价格契合；低端的竞争对手型产品则在定价策略上执行量积返利或者总体销售上附带赠送或者定制。

若是展会后开发的产品，则由市场部门或者研发部门牵头进行调研，明确应用场景和行业，进行设定产品研发前期的信息判定，包括产品功能、卖点、技术难点、关键点等，从而做出最终立项准备，而不是盲目立项。

若是降低成本型产品，则直接在立项时告知业务、调度部门，要求在产品结项前的一两个月内，逐渐减少被替代产品材料、半成品、库成品的数量，在结项时核查被替代产品库存，并直接下达生产计划修正，直接向业务团队宣传替代产品，快速完成替代型、成本型研发产品销售提升。

若是客户定制类产品，在立项或开发前，先明确客户是否需要定制保护。如需要，则明确客户要的量是多少，如是少量，则必须经过公司高层确认，或者由客户支付一定的研发费用或专利、定制保护费用后才可以开发；如不需要，则安排此类定制产品的市场调研分析，明确后续其他类似行业是否有客户潜在的需求，或者是否有可替代对手市场份额，再决定是否立项或根据订单作业。

若是国际市场产品的订单，则要协助外贸市场，必须进入月报中，与海外业务员进行沟通，寻求需求量的提升和展现销售亮点，并且在开发产品后出国对客户进行拜访，寻求该客户后续的订单，或者同类客户订单。

经过总结，销售量较大的新产品有以下几类：一是具有明确的市场订单或以更优性价比可直接替代旧产品，且与物联网战略一致的产品，如窄条、窄板、力矩限制器、XK3101W、无人值守和一卡通产品等；二是具有明显差异化特征，且实际性价比接近或达到国际同行一流水准的产品，在国内外客户中具备差异性或竞争性的产品，如ESW、EDS、CPS、D39等；三是客户需求量稳定的定制性、个性化产品，如协议、打印、提示、接口、仪表以及车载称重系统和起重量限制器等；四是具有行业物联网应用前景，未来发展潜力巨大的产品，如动态仪表、人脸识别和图像合成技术平台、智能物流、环保、垃圾分类设备等。

三是加快确定研发与非研发两大部门融合体系。

随着IPD工程的推进，研发将成为柯力公司管理系统性的一项工程，也是一场管理思想革命和行动变革。研发不仅仅是产品开发部门的工作，更是整个公司的工作。

市场部必须参加对立项前瞻性、基础性、平台性产品的调研，通过实地考察、客户走访、对手分析、第三方咨询报告、专家请教、业务月报、出国拜访等途径，明确立项的必要性和产品的市场要求，立项时对产品成本、开发周期、技术指标、产品功能提出明确要求。

在开发中，建立市场跟踪反馈机制。在结项前一个月，业务部门会同其他部门准备主要的应用客户清单和场景，准备试销和定价策略。结项后，根据试销情况，要求研发部门进行产品调整和业务销量研究。业务部要在立项前期提出需求，建立定制性竞争壁垒，结项后，提供应用情况改善反馈，并完善产品生命周期。

质量工艺部门重点检查和会审工艺技术标准、员工操作难度、认证需求、许可证要求、中试性能、实验室装备、小批量生产指标一致性并注意自身团队技能和人员稳定性。

采购部门重点在结项前对 BOM 物料选项进行会审，避免出现物料稀缺或进货难、物料成本高等情况，并主动要求部分供应商到研发部门进行沟通，提出选料意见（含替代物料处理）和成本控制源头建议。

制造部门主要核查新产品要求设备的费用，如 A 级员工操作、包装工艺、工时核查等。

技术管理部门则根据制度进行立项评审，开发中跟踪检查协同反馈，结项组织，集团共享、ERP 和 BOM 及 PLM 管理等，重点、及时、准确总结开发的得失，探索开发竞争力机制（含专利、标准），关注人才心态。

协同人力资源部门重点把握好人才需求开发、储备、招聘和增值计划，要求项目组成员在结项后提交开发心得，三到六个月后提交项目市场应用后的产品总结性报告。

研发部门自身必须抛弃部门作战甚至单兵突进的思路，把研发工作置于柯力公司大兵团作战框架内，进行从需求调研到退市的整个 PLM 管理。这一过程，是需求价值创造和实现过程，而非单纯的产品开发实现过程；是投资回报商业过程，而非简单的研发费用支出过程；是战略基础支撑面，而非短期产品研发行为。研发部门必须要提高战略定位，学会从市场客户端考虑，重视需求准确性，秉持谦虚协同、充分共享、全力以赴的务实心态，才能使研发部门真正成为权威、有效、核心的战略部门。

四是加强产品经理和研发人员这两类人才的培育发展机制。

产品经理的责任更多的指向产品生命周期管理，在应用型产品领域中，不同产品线的经理既可以来自柯力公司各大管理层，如分管经理、市场经理、业务经理，也可以来自研发人员；其奖励既可以来自研发提成，也可以来自销售提成；其产品线包括工业衡器、商业衡器、自动化包装配料系统、不停车检测系统、干粉砂浆料罐租赁及信息化平台、建筑机械物联网、智能物流设备、环保设备物联网、港口机械物联网、无人值守及一卡通、车载、畜牧业设备、轨道衡、海工装备等；其权利包括出差权、人员招聘权、研发材料采购权、专利权、定价权、预算权、立项权等。

每位产品经理负责一条产品链上的销售、客户群体管理、技术优劣势总结、(正在开发产品的)技术储备情况管控以及竞争对手、认证、专利、标准、申报政府项目情况。明确建立人才储备梯队的紧迫性和核心人才的稀缺性，对产品定制及独家保护情况、产品研发过程及投放市场后的质量轨迹、价格变动趋势、产品退市等全面管控，并争取每一季度调整一次。公司应充分授权产品经理并予以充分信任，为产品经理研究产品生命周期及市场动态、技术趋势尽可能地提供资源支持和对应的权利保护。

在研发团队打造中，首先要充分理解每个研发人员的想法，让他们既可以充当产品经理，又可以立足于技术开发，也可以潜心于专业的技术领域，更可以跨部门、跨项目、跨行业参与，甚至主导多条产品线。要使研发人员既喜欢自己从事的专业，又能不断探索新的市场。

产品经理和部门经理应当为研发创造宽松的环境，并且对自主立项、前瞻性、基础性、平台性产品创新设定容错机制，秉持宽容理解的心态去支持研发人员的想法和灵感，并提供良好的学习和培训机会，提供一切可接触前沿技术和客户的机会，依据研发人员的不同个性，进行分层次、分阶段的角色定位，建造研发人员向上攀登的阶梯，鼓励有想法、有干劲、有能力

柯力集团研发人员合唱

的专业技术专家和产品总经理向着事业合伙人的方向不断迈进。

在部门转型中，要倾听研发人员的声音，尊重研发人员的选择，根据行业大背景下的产品经理线进行人员的沟通与分流，允许研发人员兼职，明确培养产品经理的方向，对前瞻性、基础性、平台性产品仍然按目前的框架研发，对应用型产品线则进行重新排布。

研发部门和人力资源部对有缺口的研发产品小组要尽早招聘、储备人才，包括研发经理或产品经理。对研发人员有冗余的部门引入项目投标机制，使冗余人员转到市场开发及其他新型行业（也可以兼职），或转到前瞻性、基础性、平台性研发部门。鼓励想干、能干的研发人员多承担项目、多自主创新，鼓励部分研发人员向着产品经理（或兼职）跨项目、跨部门、跨行业的方向发展，研发部门不仅是产品开发部门，也是直接面向市场创造价值的部门。

柯力公司将以更大的决心、更多的投入、更广阔的胸怀对研发团队进行提前布局，发展壮大研发中心的总体实力，组建技术和市场充分结合的崭新的研发团队，打造充满活力的研发体系。

·IPD 应用

IPD，微观上指新产品集成开发流程；中观上指由市场管理产品规划、需求、管理三个基本流程组成的产品创新管理体系；宏观上包括中观 IPD、战略规划、产品生命周期（PLM）、技术与平台规划 (TPP)、技术和平台开发（TPD）支撑体系。

IPD 是一场重大的管理思想革命，其重要思想包括将产品开发作为一项投资进行管理；基于市场需求和竞争分析的产品创新；基于平台的异步开发模式：可利用平台和技术；技术开发与产品开发分离；跨部门合作；结构化模组化并行开发；产品线与技术线并重；职业化的人才梯队建设等。

IPD 集合了许多优秀的管理实践，如系统全面客户需求分析、优化投资组合、跨部门团队、结构化流程、基于衡量标准评估和改造、基于平台并行和重用模式、优秀的人才梯队项目和管道管理等。要透彻了解 IPD，离不开以下几点：

首先，IPD 基于商业过程实现。

从客户端思维出发，以价值转移趋势分析为主线，重点考虑行业发展趋势、竞争对手市场行为及营销策略。分析市场细分下的客户行为，以为客户创造价值的导向来确定产品战略、市场策略、产品商业目标，然后再确定包括研发模式（自主或者外包合作）、供应链模式（OEM 或 ODM）、平台规划（产品或技术）、营销策划在内的产品研发整体商业计划。

其次是对商业计划进行开发，包括并不限于对协同人员、技术、材料、人才培养计划进行资源开发；协同跨部门组织建设、流程建设、信息化建设进行运营开发；协同研发、产品、技术、工具、合作进行平台开发；协同产品包、解决方案进行产品开发。

最后是完成产品样品、试样客户、营销方案等，进行产品上市前准备，同时对产品进行现场中试、工艺验证、人员增值、标准刷新、团队奖励，并着手收集产品投入后的市场反馈、营销销售收入、毛利统计及财务运营结果统计。

IPD 本质上就是将商业机会、商业分析、商业开发最终变为商业兑现，为用户带来价值。

其次，IPD 是客户需求管理过程。

在确定需求时，要考虑影响用户购买标准的八大类基本需求，即价格成本、可获得性（渠道、配置、促销、定制、个性化）、包装（风格、标识、图形、表面、架构、设计）、性能（精度、稳定性、灵活性、安装、多功能等）、易用性（界面友好、操作因素、人性化、说明书、帮助系统等）、保证程度（指令、质保、冗余、误差范围、安全性、可靠性等）、生命周期成本（正常运行时间、故障时间、赔偿责任、可配护性、服务、备份、运行成本等）、社会性（标准、专利、车间环境、法律等）。将上述的产品需求核心点进行汇总后，在 IPD 引入业务员，会同项目组组长进行市场需求收集、调研、分析，确定最终主流产品的方案。

业务员需注重与客户的日常沟通，与主要客户高层、研发人员、销售人员就产品实现的需求进行交流，争取多问几个客户，启用专职市场调研团队，让自己成为客户，与客户一起模拟使用场景，甚至让客户加入研发团队，尤其是定制或者独家使用产品，培养和管理粉丝客户。

在客户走访中，重点询问客户有哪些急需解决的问题；选择产品时最看重什么功能；哪些产品特征必须要有，哪些可有可无；如何衡量价格与性能；如何与其他产品配合。项目组组长则同时会同技术管理部，向业务、采购、服务、安装、中试、质量、工艺等代表，征求内部需求，确定需求范围边界、竞争与市场、技术约束与突破、安装与调试、性能与检测、采购物料合适性、工艺可行性等。所有内外需求从零散走向统一，从复杂走向简明，站在客户角度进行主线化，从而实现需求的解释、过滤、分类、排序。其中，需求解释环节要完成客户需求语言向内部规范描述语言的转换；过滤环节，要去伪存真、去粗取精；分类环节要将需求按业务领域、功能领域分为可分工分析的专利；需求排序环节要按后续业务和资源进行排序，并进行后续分发。在分发中要做到“看五步”“让三步”“走一步”，分出长期、中期、短期需求，重点完成管理层或高价值客户提出的紧急需求，建立开发路标和路径，分步开发，归于终点。

最后，IPD 是流程管理过程。

IPD 流程不仅是开发流程，还是跨功能部门的业务过程。通过 IPD 流程，可以对产品包的定义、开发、支付、维护、服务和退出进行管理。如，硬件、软件、系统开发及测试；新的工艺及生产线引入、供应商选择、产量与产能均衡；订单、发票、财务、服务等处理；定价、收入、毛利分析；市场策划、促销、分销渠道；市场竞争分析及未来需求分步管理对策。

通过 IPD 流程，对跨部门的团队、结构化流程进行集中变革。跨部门团队主要有两个层面：高层管理决策层面，主要负责确定产品定位，保证项目和资源，提高投资产出比；具体产品开发层面，要制定具体产品策略和业务计划，按照项目计划执行并保证及时完成市场投放。

结构化流程分为六个阶段。一是概念阶段，要确保项目立项前对市场机会、需求、质量、技术和制造、财务、进度、人才培养进行的评估和归档，这归于初始产品包或解决方案业务计划。

二是计划阶段，要将概念扩展成详细的产品定义，启动对开发方法的正式规划，即对完整产品的定义、开发与制造方法、营销计划、项目管理、产品支持、详细进度、财务分析等设定。

三是开发阶段，包括设计、集成、验证、工艺实施、性能、技术、制造风险评估，还包括设计检查、知识产权分析、产品数据准确性管理。

四是验证阶段，以完成内部各类实验室检测、中试测试为标准，以进行试样订单为起点。这个阶段需要全面、反复、谨慎地执行验证。

五是小批量生产产品发布阶段，重点在于量产时的工艺、质量的稳定性和市场投放后产品的优化，尤其是功能、成本的再次优化，以达到有相当竞争能力的高度。

六是生命周期阶段，对量产的产品进行市场赢利能力分析、替代产品主项规划、竞争对手的产品优点分析，重新确立新的技术和功能性产品开发，重新回归于 IPD 的商业过程、需求管理过程和流程管理过程，为了顾客的需求，直面竞争挑战，开始新的一轮 IPD 开发管理。

在产品退市过程中，需要关注呆滞物料或设备及淘汰过旧工艺和落后员工，关注个别客户非标定制产品的合理备库。关注产品退市即研发重生，并以更多新产品来满足客户的需求，实现公司发展。

在 IPD 执行过程中，对前瞻性、基础性项目，原则上不采取财务评估方法。对市场需求的确定性保持包容之心，对重大创新性项目允许试错并且不断纠正开发的方向，既要反对完美主义，又要反对盲目创新。

IPD 核心是将研发从技术导向转为客户需求导向，将研发工作的主体从单纯研发部门的工作转为整个公司的工作，将研发从开发为重转向商业机会、市场需求与开发并重。只有这样，IPD 才能使研发从企业的战略愿景使命走到共同实现客户价值的道路上来。

IPD 变革

研发管理，总体上还是基于公司的战略变革。柯力公司在打造国际一流物联网的战略道路上奋进，公司的产品战略也要朝着多物理量传感器和工业物联网两条腿迈进。这其中，最重要也最核心的管理之一，就是 IPD 工程即集成产品研发。产品研发团队也要朝着这个战略方向开始变革。

一是变革传统直线组织框架为矩阵结构。

柯力公司的产品战略从单一元器件转变为解决方案，根据此变化，方案从内容上，包括了软硬结合；从流程上，切入了需求；从组织上，实行了开放合作；从技术上，增加了平台；从本质上，体现了数据流。

传统的直线研发管理，人为地将产品分割成块状，形成产品研发被切割、孤立，使得企业战略无法从元器件迈向物联网，导致部门内外协调困难、人力分布不均、流程堰塞等问题。因此，从组织体系调整为矩阵产品研发体系，要让分管经理、事业部经理、研发经理统一对市场订单负责，充当产品经理或项目经理的角色，要让每一位研发人员既对订单或研发项目负责，又对功能性部门负责，充当技术人员和市场交货产品负责人，形成产品战略下共享、共创、共赢的新体系。

在IPD变革中，必须让员工或者产品研发流动起来。按照战略框架下的市场需求和资源融合创新，形成新的产品线，也要根据实际产品线的市场情况以及技术创新有无突破，来决定是否撤销产品线。项目组合也是如此，需要保持组织框架的动态平衡。

在产品经理负责制下，根据产品经理每月提交的总结报告，详细了解产品投入市场效果、实际销售增长情况、产品改善情况等。对产品经理和项目经理实行动态用人机制，尤其是建立产品经理助理和项目经理等的人才梯队。要明确授予产品经理市场调研安排、定价、供应商管理、人员、专利、预算、奖励分配、考核等权力，并要求其相应承担市场需求把握把关、产品定义及设计、市场推广、成本优化和VA/VE、产品生命周期管理等责任。

二是变革产品研发流程，使其更具竞争力和效率。

对重点项目，要有对其核心节点的双开发发展思路。

就订单或产品项目而言，要有双人竞争机制，一般的元器件订单产品，可以由业务人员根据研发团队的实际资源，从中协助开发，也可以由技术管理部门根据订单需求，在微信群中公开招标。重要的元器件订单，将需求内容公示后，可以由项目经理、产品经理、业务经理或市场经理到市场一线或客户中走访了解需求后，确定开发所需解决的问题，进行竞争性招标。在同一产品线，一般安排相同或相近的项目经理两人或以上，尤其是要打通专业壁垒和消除心理阻碍，准备一定的研发冗余。

在自主立项中，鼓励研发人员自行提案，经过评审后立项，并允许失败。把每位研发人员完成一到两个自主创新项目列入年度KPI。

在物联网成本系统集成项目中，由产品经理领衔、销售额超过一千万的细分产品线，即项目团队，原则上应该由两个项目经理及动态组合的项目人员组成。

在项目投标中，重点考虑开发速度、产品、成本、产品特色及功能，以达成产品最高性价比。柯力公司的业务、检测、采购、技管、财务、人力部对所有项目组一视同仁，开放所有可以开放的公平、公正的资源平台。若资源配置出现错误或资源出现紧缺，可以向产品经理或技术管理部门提出按开发要求补充对应资源的要求。

就功能性流程而言，首先在预算流程上，预算由项目经理每月上报产品经理，并经财务、技管审核后，由产品经理审批汇总而成，可以追加临时性预算；在报销流程上，与产品线有关的费用由产品经理审批，非产品线费用由对应的部门经理（有时是产品经理）按权限予以审批。在人员招聘、调整、考核上，由项目经理提出人员需求或调整需求，上报技管和人力部对应HRBP审核后，报给产品经理审批。

其次，在考核上，结合公司BSC上的研发项目进度、市场反馈、客户意见、团队合作情况等，给予团队奖励，按照对应分配制度进行分配。产品经理要按团队成员的贡献大小分配奖励，自己更要以身作则，并保留部分风险金，来应对市场风险和开发责任。

再次，在年度KPI体系上，从部门的毛利、成本控制、项目数量、质量、进度、转变，到产品线毛利、成本控制、项目数量、质量、进度，按照元器件产品细分和整套系统项目销售KPI体系执行。

最后，在三大流程再造上，MM市场管理是产品经理、项目经理会同市场经理、业务经理通过理解、细分、融合市场，形成路标规划，通过输入研发信息或者开发项目任务书形成最前端的开发流程。RM需求管理是收集、分析、分配、实现验证客户需求，其来源为业务员每月总结报告，研发人员总结报告、出差或巡回服务报告、市场部专题报告、客户服务中心信息反馈，客户微信群反馈、展会、竞争对手分析等，从中寻找出用户的真正需求，从而开启IPD开发流程，进入产品概念、计划、开发、验证、发布、生命周期六阶段。

在IPD变革中，必须加强市场信息来源分析及验证、需求提炼，必须强调研发与业务对市场的倾听，接收客户声音，融合用户需求，这是最为关键的流程变革之一。加强市场部的资源管理及作用发挥，强化研发人员对客户需求的收集、捕捉市场信息并反馈的培育机制。

三是推进IPD人才工程建设。

在产品经理或项目经理培育上，倾听他们的声音，梳理他们的要求，公布整体研发人力资源情况，根据人才地图和销售趋势，确定急需扩编或补员的名单。同时，启动产品经理或项目经理储备体系、应届大学生储备体系、适应招投标制A、B角色研发人员储备体系，最终形成四五个萝卜三四个坑的人力与项目资源格局、萝卜成长机制与挖坑技术提升的人力与项目资源协同，形成不同的研发人员开发成果积分与后续项目开发加分或者优先机制。对于不同的研发人员，在确定目标后，产品经理或项目经理要有领导力，公正、公平地对待每一个开发项目。注意研发人员角色定位和优化流程跟踪，注意内外资源协调和沟通冲突的处理技巧，注意人员的培训和研发文化建设，关注每一个研发人员的专业技能发挥和引导凝聚团队意识，关注市场需求下的产品生命周期的变化，关注公司战略变化下的研发资源不同整合方式。要让技术去适应人员和流程，建立适当的组织体系，找出功能部门内技术专长与跨功能整合之间的平衡，运用简单、可视的沟通理顺组织，运用强大的IPD工具，做好标准化和组织内学习，建立追求卓越、稳定进取的研发文化，确立客户满足乃至超越需求的产品定义，贯通现有产品平台和技术要素的资源利用，实现动态组合中不同专业、不同功能人员的大部屋制研发人力资源特征体系。

在IPD推进时，必须推进优化研发人力现状分布图，通过校招和人员储备计划、扩招规划、新产品线组建、动态人才体系、项目来源开拓、自主研

校企合作洽谈

发项目创新、基础研究平台部门建议，公共技术平台部门的扩建、开发流程竞标制、研发人员薪酬奖励体系再造（含产品经理制度奖励积分制变革）、股权激励、月度研发人员总结报告及改善推进等，从而建立既竞争又合作，既相对灵活又比较稳固，既培育又发展，既有压力又有动力，既实践企业文化又体现研发特色的，具有勃勃生机的人才团队。

四是强化研发集成主线推进变革。

在研发主线中，整体流程大致为：战略使命与愿景→研发价值观→研发目标→产品战略→技术战略→产品地图规划→研发组织与人员定位、运行→研发流程→研发人力资源。

在研发产品规划及组合上，主线为：概念→计划→开发→验证→发布→推广→改善→生命周期管理。

在研发人力资源管理上，主线为：产品经理→项目经理→核心研发人员→储备研发人员结合技术总监→平台经理→核心研发人员→研发助理。

在管理支持上，结合人力资源、财务、业务、品管、采购、信息化、技管等部门，集成以产品线或项目为载体，以项目为主干，以平台为共享，以人员为动态组合，以各部门协同为纽带，以市场为终点的管理团队。

在产品立项讨论中，要包含市场需求、可靠性、性价比、可维修性、商业价值、竞争力、风险管理、技术壁垒、安全环保、安装便捷等多项内容。

在流程管理中，应包括立项、评审、目标成本、风险、速度、变更、信息沟通、质量、安全环保、中试、试产、量产、改善等。

在研发人员创新上，应包括作息、报销、预算、薪酬、创客、股权激励、市场调研、研发应用与基础研发人员差异化、数据信息、自主立项、开放包容的研发成果。

在市场需求上，应包括宏观环境、行业竞争、市场和需求、细分市场标准、市场调研、竞争地位分析、量本利分析、边际收益、产品和技术生命周期、4P 市场营销、4R 市场客户关系等，从而形成不同的细分市场、产品线、职能部门、项目组。

在技术上，应包括产品和产品平台、子系统技术、组件、元件和专业性技术，如外观、机械、结构、工艺、硬件、软件等。

在产品研发投资上，应包括销售收入提升、成本优化、费用控制、产品增值、供应链协同、价格策略、财务核算和评估、赢利分析及量产成本优化方案、产品线完善和需求创新利润增长计划等。

在企业文化和价值观上，要把成就客户、服务他人、自我批判、变革创新、青春奋斗、团队合作的精神融于 IPD 变革中。尤其是产品经理和项目经理，要求他们应对市场需求再精准、设计产品方案再完善、自我批评再深入、商业价值再深入、成就客户再出发、团队领导再提升、自我要求再提高。

因此，IPD 变革，关键在于战略旗帜下组织、人员、管理、流程、团队、产品、技术等的变革，以此来激发研发创新的活力，提高绩效，激励研发团队不畏艰难、超越自我，从而更好地为客户带去价值，促进公司及自身发展，激活研发资源，使其从碎片化、直线化、单向性走向生态性、矩阵性、体系性，一生二，二生三，三生万物。

初探精益生产

“精益生产”最初是由美国麻省理工学院的教授詹姆斯·P.沃麦克提出的，他在总结日本丰田公司的生产方式后，提炼形成“精益生产理论”。精益生产从最初的生产系统实践，逐步延伸到企业各项管理业务，同时从最初的生产管理方式上升到战略管理理念。精益生产能够提高质量、降低成本、加快流程运转并改善资本投入、提高顾客满意度，从而使股东价值最大化。这对上市公司的意义特别重大，在公司管理实践中，需通过下列途径，逐步实现精益生产的战略部署。

一是将原来的功能布局逐渐转向产品线的流水布局。

制造部门应该考虑将目前的生产布局从工艺工序转向产品流水线，如分为铝合金、QS、SQB 和 SB 及其他产品四条线，从贴片固化后对组桥走线、温补、焊线调整为流水型第一布局，并且将初测封胶重测焊接置于同一房间，形成流水型第二布局，对上、下两个布局形成直线型的搬运工序，并配备专门的搬运人员。

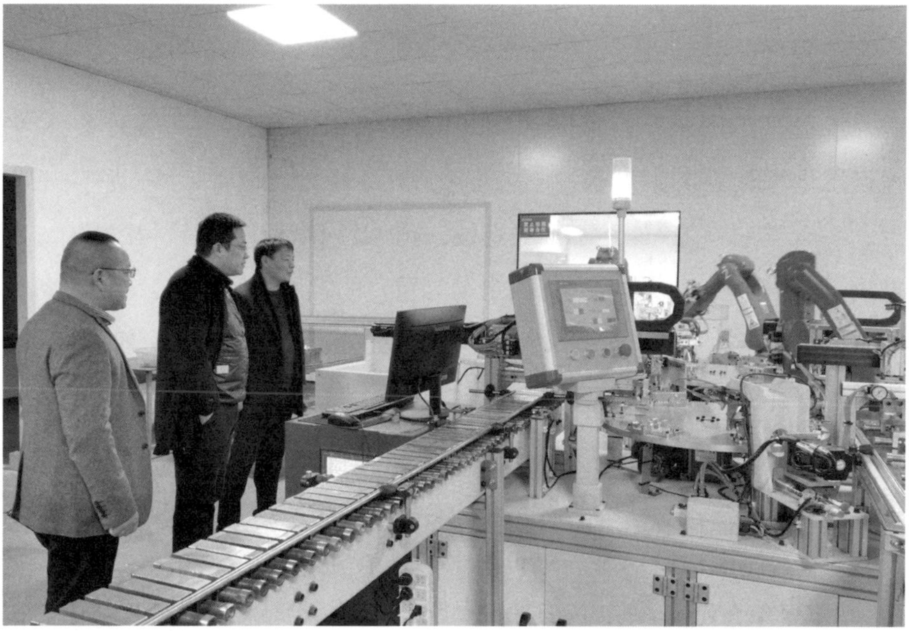

走访新SQB贴片生产线

制造部门要加快促进流水线布局的设备、现场、工装夹具、货架、货车、工艺、工时、人员等资源匹配，消除员工搬运、寻货、找料、工装夹具换型、设备维修、现场整理的非作业时间，让人、机、物料法有机统一起来，让操作人员专心致志地操作，再通过专业培训、工效分析、一岗多能、一人多工序等方法提升员工操作的熟练程度和工效能力，并按照每日工序产量，考虑所有工序的平衡。

在流水线布局中，一定要考虑物料超市或中转站建设，以确保物料不断档；一定要建立严格的细分工序，设置专职物流员，确保操作人员专心操作，不再从事寻货、找料、设备维护、搬运等非操作程序。在作息时间安排上，可以适当提前，保证上下作业的流转或者提前一天备料、检修、下达计划，以顺畅执行流水作业。

二是强化基础管理。

重点落实现场管理，根据流水线布局的要求，对现场进行重新规划，确保目视化的现场整理、整顿、清洁、清扫等；确保现场设备工具、货架、工作台、货车、物料区域、搬运工具等定位，标识及明确每日 5S 流程，减少二次摆放、二次搬运、二次寻找、二次走动等重复的效率浪费行为；确保设备日常点检、清扫及维护、故障统计、故障帕累托分析，保持运行效率及产能利用率的提升；确保物料 PMC 计划与供应链管理协同，常规物料应有明确的合理存量，对于非标物料应严格执行订单标准，每月及时进行呆滞物料处理，或退供应商或改制或降级或先建立出优先试用或报废或暂放一定期限再处置；确保在制品在流水线布局中的其他节点有合理的存量或周转仓库，尽量避免在制品冗余，尤其是整体计划中各个产品线、各个环节中的在制品匹配，通过控制上游的贴片计划重点减少在制品的数量，逐渐实现流水线中各个环节的在制品动态平衡；确保质量管理体系在精益生产中落实，及时统计各个工序的不良发生率，确定纠正预防措施。运行 PDCA、8D、DMAIC（定义、测量、分析、改善、控制）、“四 W 一 H”（What、Who、Where、Why、How），针对症状寻求原因，制订预防措施，建立标准化品管体系，向零缺陷的质量目标迈进。重点提升温补、焊线、重测一次的合格率，解决断点太多、质量故障频高导致的二次返工、工效太低、成本偏高的问题，也要解决一次合格率偏低打乱生产节奏及计划执行的问题，提升工艺质量实现增值。

确保 IPD 的精益基础管理，预估工时必须考虑研发产品的竞争性和批量性。在结项时，重点考虑成本构成中包含着的批量工时，并说明与预估工时的差距；在工艺过程中，重点考虑新产品检测设备、测试工装、工艺操作点、工艺操作人员及人才梯队建设，实现精益生产与 IPD 充分结合；在整个研发过程中，要注意处理好开发速度与成本、性能、费用的关系，产品功能与成本的关系，开发费用与成本、性能的关系，一开始必须要统筹兼顾各类标准化流程，进行充分评估后，再进入精益生产。

三是实现精益生产奋斗目标。

在财务目标中，重点确定在制品库存、原材料库存及成品库存下降比例，在不影响销售的前提下解决资金占用问题，提升物料周转率。

重点关注工效提升，在人数不变的前提下，关注每条线每月在相同时间的入库工时边际增速，或在不变工时的前提下关注每条线每月的人员减少人数。在流程再造、流水线形成、工序细分、设备自动化、PMC 管理、搬运无缝对接，物料配送等精益变革的前提下，提升人均劳动生产率，从而使企业产品更具市场竞争力，这也是精益生产的精华所在。

重点关注设备有效利用率及故障率，通过设备点检、备品备件管理，实施优秀的员工操作手法，有效执行机联网 MES，严格执行标准化设备操作及设备保养维护，来实现设备的利用率提升和故障率下降。

重点关注故障率下降，要研究导致故障的原因和源头，提出人机料环法控制措施，并有效固化措施，形成标准化的操作文件并落实到位。

重点关注有效生产场地面积，通过现场整顿、流水线布局、物料超市、库存减少、生产捷径、向高处要空间等方法实现工厂制造面积缩小，为后续的扩大生产规模奠定基础。

精益生产的最终努力方向是提升公司的市场竞争力，这不仅反映在损益表中的生产成本、材料成本、有效控制浪费，机物料损耗节制，人力成本在单位产品中的降低，能耗成本在每工时产品的下降中，还反映在资产负债表中存货的有效性，设备成本和空间成本折旧的最优化程度。要把存货的节约转化为货币资金利用，把设备和空间的折旧转化为制造费用的减少，同时，提升质量和实现新产品开发集成，这是制造部门对公司财务最重要的几个方面的贡献。

四是精益生产是全面提升人的素养。

在人力资源管理上，尊重人体现为所有应用方案的人性化选择。尊重一线员工的想法，激励他们不仅生产产品还要生产精益想法；尊重事实，运用目视化、可视化管理和信息化手段，让事实说话；尊重业绩，一定要让精益生产产生效率、效益、效用，看得见改变，产生新绩效，走上良性循环道路。

精益管理过程同时也是人才培训、培养、选拔、使用、激励、输出的过程，要让真正有想法、有能力、有干劲的人员冒出来，为生产制造体系组建人才梯队。

要重视全员参与，设立成本奖励基金和创新基金，并执行落地。要有明确的激励手段，如以员工名字命名工艺操作和设备维护手法，在生产车间公告宣传，对有突出贡献的员工予以专门的精益津贴，实施精益生产后节约的效益精益由生产团队分享，制定专门的奖励方案分阶段奖励员工

柯力公司召开精益管理项目启动大会

等。对精益管理中涌现的优秀员工予以提拔重用，在管理岗位轮岗、竞岗，或设立精益生产加分指标，使其发展为A级员工，并赋予未来的精益生产车间或班组的领头人更多权力，为集团公司发展奠定更坚实的人才基础。

要重视早会建设，在每日精益早会上，线长应重视、明确当日生产计划、物料安排、人员分工、现场管理、设备维护等情况，总结前一日生产问题，提出当日改善意见，并关注员工想法和思想动态，协同部门资源做好线上精益管理。形成晚会跟踪机制，部门经理在当日晚会上总结当日生产、入库、质量、物料、人工、改善等情况，并提出需要各线协同的问题，明确下一日的核心工作及注意点，稳步推进每日生产朝着精益化方向迈进。

精益生产能否成功，其核心在于每个员工是否形成精益思维、运用方法、遵守原则、形成体系，关键在于实干求真出思路，推动工效提升、现场改善、物料管理和设备维护，打造强大的制造能力和创新能力。

让我们撸起袖子加油干，在精益管理思想与原则的旗帜下，加快组建具有高超制造水平的生产团队。

精益调度体系

精益调度即 APS，是指在生产资源有限的前提下，通过优化方法，为所有的生产任务精确分配资源，使生产能够及时完成、产能能够充分释放、资源能够充分利用。其目标是对产能了然于心，通过关键订单优先排产、交期模拟评估、计划执行进度及重排管控，使得所有资源在最短时间得到最好的整合，实现最佳的交期，满足不同客户的不同要求。

交期管理不仅仅是准时将产品交付给客户，也能反映一家企业在生产制造过程中将所有资源最优化配置以满足客户需求时的调控能力。这不仅仅是一个部门的调度工作，更是整个公司的工作，这也不仅仅是交期管理，而是一个完整的综合管理艺术体系，包含产能、质量、物料、工艺、销售预测、呆滞品管理、淡旺季弹性生产、仓储、财务上存货管理（含存货周转率）、资金占用、预算控制、分销及促销渠道建设等。整个体系向上可以追溯到客户需求端的管理水准，向下可以联动采购及物流出货体系，中间贯穿生产制造全过程，是综合性管理艺术和科学的完美结合。

完美的交期管理既要体现井然有序的生产计划和物料供给、仓储、物流出货环节，也要反映出生产周期缩短、在制品库存合理、等待和返工减少、工时有效节约等特征，最终提高客户满意度、财务干净度和员工生产舒适度，为此，在精益调度中必须关注以下几点：

一是有效管理客户需求端。

在精益调度体系上，最难也是最容易被疏忽的是订单管理端。要明白一点，不是每一个客户的订单都要接，也不是每一个客户的交期都最紧迫。在实际工作中，会出现经过业务员过滤后的订单交期不确定，而调度、生产制造体系人员并不清楚每个订单背后真正的交期要求的情况，因此内勤和业务员在处理订单时，必须要专注订单交期排序，以方便调度排产，尤其是在旺季时。调度应要求业务部门和公司控制微利甚至无利产品订单，要求提前与屡次出现的紧急交期客户沟通，并协调下达销售计划，要求量大常规产品订单生产在与客户充分沟通的前提下执行，合同的评审要详尽、有计划，并且安排调度参与评审合同，重点对交期提出 APS 排产最佳调配。

在整个销售管理中，要进行营销大数据分析。在常规产品上，要细化到不同规格型号近三个月平均移动出货安排，从而得到常规产品出货计划；对于已有的明确订单，按照 MES 签单制订整体销售计划；对于业务员在业务总结中提到的常规产品或常规非标产品，既有定制化又有周期性出货产品，要与业务员一一确认后进入销售计划。上述三个部分作为销售计划的核心组成部分，需考虑环比月份及年度规划做出总量确定，在实际操作中，应于当月 8 号左右再修正新的订单，来置换后期的常规产品，并再次明确总量修正。

在实际销售管理中，APS 的排产体系还将影响业务的管理流程。这就要求营销大数据不仅要对不同客户、不同型号定制产品，还要对每月出货均量进行分析，对突变和平稳的客户实施不同的管理手法，即对突变的客户首先要找到原因，其次要与客户确认后安排计划调整，将业务管理与调整管理充分结合，这是 APS 基于需求管理下真正的调度体系。同时，销售计划部门要及时调整常规与常规非标之间的合理存量变化，将每月有周期性出货纳入合理存量范围，将出货量迅速减少的原常规非标及时转换为非标产品范围，不再纳入合理存量。在淡旺季销售中，旺季要及时下调合理存量，并注重产品结构移动方向，释放最大产能；淡季要扩大合理存量，并扩容物流中心，甚至在放大信用额度的前提下优化协同客户的备库计划，适当减少产能，以均衡产销库之间的协同。

总之，在 APS 精益调度中，必须首先关注需求端管理，销售计划要准确有弹性，才能保证 APS 操作时有张力、有余地，这一点十分关键。

二是充分释放产能。

在接单时，先要考虑物流中心、成品仓库、半成品、弹性体库存，然后才能考虑 MES 订单或销售单起步，同时录入每日生产计划编程中。每日生产计划一是考虑月计划产能以及下周计划安排总量，二是按 MES 订单签署安排对应时间录入日贴片计划，三是如果产能有多余，则按弹性体库存对应录入合理存量中较少待补的产品，如果产能已经饱和，则按订单执行，不再补合理存量。连续三天以上出现产能饱和，则启动调度日报报警机制，上报公司，在明确整条生产线后续接单预判后，再开始新的资源配置方案。

在整个产能测评时，工时上，调度必须关注新产品工时测评和老产品工时下降，新的自动化设备投入后工时变化，月度环比节约工时；在品质上，重点关注制约交货期的重点产品温补合格率、灵敏度补偿率及性能合格率，除了最快交期，一般在品质上需要进行第二次合格率处理，予以保留时间来明确交货期；在物料供给上，重点会同物控检查所有非标订单到位情况，常规物料合理存量、附件及包材到位情况，原则上杜绝挪单，如需挪单，则按启动流程走挪单审批流程执行；在计划衔接上，重点对应一周后贴片计划，遵守计划与弹性体入库计划相对应原则，尤其是非标订单，必须一一对应，如果出现异常（在机加工 APS 中说明报警程序），两天内的，启动最快流程，由后续外协及传感器生产部门负责追赶，两天以上的，由业务部门告诉客户延误时间，一旦客户不同意，则运用其他物流中心出货、物流方式变化、替代、改制、分批出货、挪单、借用其他客户等方法，来满足客户（特别对于非标定制的订单）要求。由于订单的唯一性，只能启动物流和最快流程识别方法，对周期性的常规非标客户订单，原则上应设立弹性体合理存量，甚至在 MES 清单时，应余留一到两个样品，以便满足预防交期，设置多余订单会签原则及方法，由最高管理者审批，以预防后续出现呆滞品。

在整个产能管理中，还需关注员工加班时间。原则上，旺季每道工序加班二到四个小时，淡季恢复到一到两个小时。制造部门要设置淡旺季产能最大值预估及瓶颈工序改善计划，一并反馈到产能分析中。

三是扎实基础数据管理。

在生产周期分析中，设置正常生产周期和最快交货周期。最快交货周期以产品工艺路线全方位不间断流程为目标，对于高、中、低端三档产品，执行不同的工艺路线标准，进行生产周期标准化建设。在 APS 流程设置中，考虑不同档次产品的生产周期标准。在采购周期中，对于常规物料，原则上请供应商备库，一般执行供应商备库为月常规需要量除以 30 天再乘以供应商生产周期，寄售仓库库存数量原则上以日消耗量乘以物流时间为标准。突发性集中物流订单，到由两到三家供应商集中供货，并且以供应商最大日产能为条件协调供给。在非标物料供货上，必须按 MES 订单要求跟踪每日进度，来确保非标物料供给。一旦发生异常，则要求供应商启动公司对于类似客户的流程来满足。采购部门所有日检查的情况每天以采购日报方式反馈，并协同于调度日报体系，在产品 BOM 管理中，要重点及时解决 BOM 品号的组件和编制，同时加强产品替代的严谨、及时。对于新产品，结项时要明确工艺路线和首次工时测评，并由审计部门确认。在合理存量设置上，半成品和弹性体一般按照前九十天日均出货量乘以生产周期乘以淡旺季调整系数来设定，并进一步追加合理存量的最大值和最小值。所有的常规产品计划要置于最大与最小值之间，排序以最小值为优先，来进行月、周、日生产计划安排。一般以各工序当日流转量的一半余量设置半成品合理存量，其品种以合理存量不足品种和当月明显变化的常规产品导致合理存量来不及调整的产品为主。

在基础数据管理中，还需重点关注基础信息化系统内各个接口是否连接畅通、数据是否准确。包括 ERP 体系中收发存数据，MES 与 APS 融合，PDM 与 APS、ERP 衔接，MRP 与 APS 连接等，要下苦功夫逐步完善基础信息管理系统，才能保证调度体系正常有效。

四是全力发挥 APS 效用。

首先要设置排单优先顺序，即以紧急插单、MES 签单、补充合理存量为顺序安排生产。插单时以高于最大合理存量产品（含物流中心库存及可替代产品考虑）、高于最小合理存量产品、与业务沟通后可以顺延产品，与公司沟通后可以延单低端产品为置换原则。上述四种产品与紧急插单产品重点冲突点必须先明确，再进一步明确四种产品被置换的顺序及对应部门的协调、单据的调整。

其次是各类可替代产品，涉及材质、表面处理、线缆、工艺系数确定替代原则，以便紧急插单时发挥调度力量。原则上执行锁单、锁定物料原则，不提前生产，执行正常有序生产。

再次是发挥 APS 一揽总局的效用。一旦出现瓶颈、产能不足、产能过剩、生产周期变化、延误、物料采购周期长、质量不合格、ERP 基础数据、BOM 管理上等各类问题，调度通过对各类问题产生的根源进行分析和启动预案，于每月调度会议集中反馈交期改善建议表，重点或紧急问题可在调度日报中反馈预案、可能的建议措施来不断改善公司管理，并持之以恒地

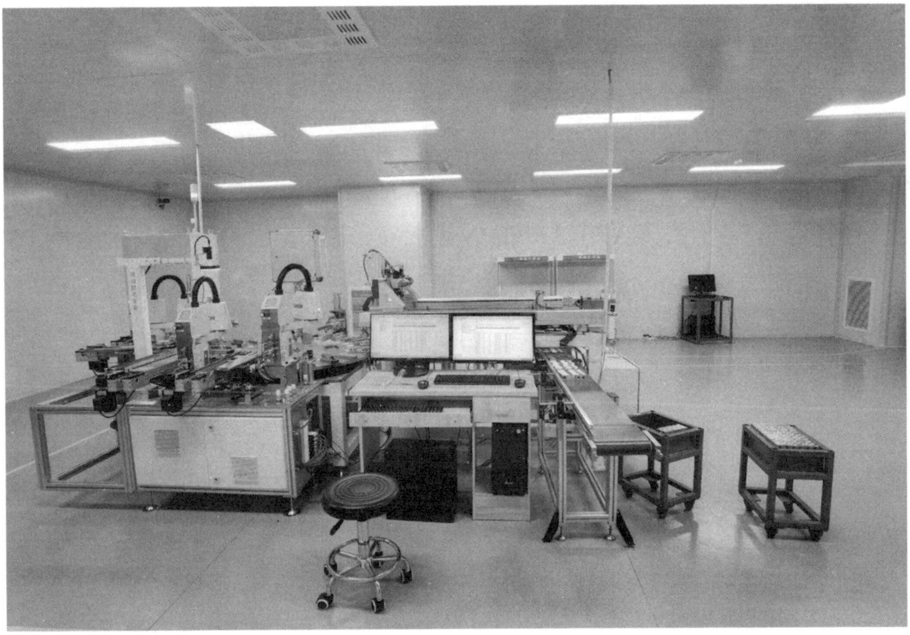

SQB 贴片生产车间

进行预防性交期管理制度建设和信息迭代开发和完善，最终达到 APS 真正效用。

最后是 APS 必须贯彻以客户为中心，对不同客户的订单实行 ABC 分类管理原则。A 级订单（重点客户和大于一定金额毛利的订单）要全流程跟踪，每道工序必须每日检查反馈，并设置关键工序预案，一旦发生问题务必马上启动，对预防问题的调度及采购管理人员要有激励方案；B 级订单（非重点客户和金额低于一定毛利却高于一定毛利率的订单）以日常调度跟踪作业为准，一旦发生问题，则启动最快交货流程和替代方案争取按期完成。C 级订单（低于一定毛利率的订单且非重点客户）则执行正常流程，一旦与 A、B 级订单发生产能冲突时，要让位给 A、B 级订单，征求业务部门、客户意见后可以延期交货或撤单，因此调度必须学会与业务部门充分沟通，以满足资源聚焦于公司战略性客户，业务部门也必须明确分级管理标准,来指导调度,尤其是在生产旺季。只有这样,才能充分发挥 APS 真正的效用,使公司所有资源充分融合,并最终体现于公司财务报表和管理绩效上。

当然,所有的调度体系必须置于动态中,除了时刻保持主动、周到的调度,还需培养调度人员 APS 之外的必备素养,直至养成良好的调度涵养,才能真正体现调运有度,度之有效。

集团化管理

在企业发展过程中，细分市场的龙头企业一定会碰到销售的“天花板”，面对销售增长的压力，企业必然要寻求转型升级、自我革新。在传感器和物联网产业中，除了内生式的独立事业部发展外，还有外延式投资并购的子公司管理，最后逐步达到集团化的管理体系要求。

一是集团战略深化。

首先，必须围绕传感器和物联网，即 5+10 产业规划和园区 3+2 产业主线，在战略旗帜下进行内生外延。原则上不能跨行，也不能急于求成。对于跨行，只允许财务性投资给拟上市的公司，不能投入其他的跨行企业。而在产业内外延内生的发展，也必须围绕传感器和不同应用场景的工业物联网设备、软件、大数据或人工智能平台企业。围绕智能制造工业机器人、智能物流、畜牧业、交通设备、冶金、化工、环保设备、建筑机械等行业，进行自动化、信息化、智能化改造延伸，形成系统性、集成性的物联网设备体系。在商业模式上，逐步地向着在线服务、远程维护、大数据分析、设备升级改造等创造客户价值。

其次，根据市场调研，挖掘有足够市场容量和应用前景的产品，通过员工内部持股或员工创客化，成立由中高层管理人员、业务人员、研发人员入股的独立子公司，把事业部变为子公司。通过产业园区企业培育或招商前的投资协议，将房东变为股东，孵化出一批战略产业内不断成长的企业。通过建立深圳、武汉等地的创新中心、飞地和基金管理公司，确定平台 + 生态的产业综合体发展方向。形成深圳（武汉）孵化、宁波产业化，或形成柯力投资、深圳（武汉）市场、宁波产业化等思路，为柯力公司发展提供源源不断的资金、项目、人才、技术等，建立战略发展海选、预选、复选至终选的生态投资模式。

再次，在战略深化的同时，必须协同多个事业部、多家子公司、多个项目、多个平台。无论是产业上下游之间，还是在不同行业物联网应用场景落地的过程中，从产品到产品，从部门到部门，从平台到平台，都互为供需侧。集团内各个事业部和子公司根与根相连，枝叶交叉，形成产业丛林，为物联网战略组成集团化产业生态奠定了基础，也为市场提供了更有力的抵抗竞争的产业屏障。从一端走向另一端，不断打开产业发展新空间。

最后，战略不断走向纵深，要洞察市场容量，并挖掘潜在需求。要有前瞻性投入，尤其是对大数据平台和人工智能的前期研发投入。要在物联网需求市场培育上投入更多耐心。要加强市场前期调研中对需求的深度挖掘，抓住市场风口。要善于从项目中延伸出新的投资点或促使研发走向战略的纵深点。要尽快形成第二个独立运营的物联网设备体系及服务性公司，促其走向资本市场。要聚精会神，在足够的市场容量下，集中资源培育细分市场的龙头企业，实现战略上的突破，促进产业生态欣欣向荣。

二是集团管理规范化。

在日常管理中，建立每周的资金日报和技术简报制度，规范现金流量，共享技术流程；建立每月两次的集团化会议和每月一次的集团子公司会议制度；运用子公司月报，建立重大事项跟踪落实和集团资源共享运营体系，促进母子公司携手发展；设立每季度财务走访和审计制度，重点审核财务三大报表和采纳经营改善财务建议；建立每季度的研发会议制度，将六大平台（展品、技术、中试、工艺、技术管理、市场）资源予以共享，打造各个子公司研发所需要的协议接口和平台嫁接，并按照子公司的市场需求，对产品研发或产品改善立项项目做进一步梳理，汇聚集团资源进行技术改善，推进研发 IPD 工程；建立每半年度的投后分析制度，厘清子公司管理资源的短板及母公司支持的内容，构建母子公司协同关键市场策略，并进行每半年度调整规划和认识、总结经验，继往开来，推进集团管理进一步改善和提升；设置每年的 KPI，并将 KPI 分解到每月实际经营管理；召开每年的财务、采购、自动化、信息化会议，并对优秀的母子公司进行实地考察，制订子公司发展计划，共同实施子公司发展年度规划。

在管理规范上，重点关注财务上的销售收入，确认规范和成本结构合规，费用归集合理，并关注商誉、三大经费、呆滞品、坏账准备、无形资产摊销等。在重点应收款函证、固定资产管理、关联交易核对上严格执行会计准则，按上市公司财务规范实行，并就软件退税、研发费用的加计扣除、政府补贴等进行母子公司共享，为子公司创造财务价值。

在信息化上，既要利用 OA、微信群、视频会议等平台铺设信息沟通渠道，又要将总部信息化资源给子公司，便于其进行借鉴学习，如 ERP、APS、IPD、MES 等，为规范化、数据化、高效化运营打下基础。

在采购管理上，重点规范采购员在价格、付款、同一物料不同供应商采购比例上的权限，规范共性物料供应商共享体系及价格控制体系，规范供应商评估、走访、选择和整合流程，规范物料检验标准、合理存量和预算体系。

在质量管理上，加强集团的质量评审、实验室标准、工艺管理、物料标准等规范化管理。

在人事上，规范招聘面试、入职、培训、薪酬、考核、权责利、基础资料、福利、合同、竞岗、调岗、轮岗、离职等流程，使其制度化。

在销售管理上，规范售前方案标准化与差异化的操作流程，对客户价格和合同规范、客户资料和商业秘密实施标准化保护，确保订单流程数字化和交期自动排产、现场服务流程操作实施可视化和售后服务可追溯。

三是集团管理差异化。

尊重子公司原来的优秀管理经验，尊重子公司创始人多年的心血、尊重子公司的企业文化，根据子公司的产品特点、企业规模、历史沿革、员工习惯、创始人性格特征，对集团进行规范管理，在不违背成就客户、服务员工的企业文化总体背景下，求同存异。

针对周末上班、加班、福利、薪酬、考核，实行差异化管理，在责权利范围内放宽预算、支付、采购、合同、用人、人员规划、自动化和信息化、研发投

柯力集团年度规划大会

入等的决策权。按照经营协议和集团制度、子公司管理流程，明确母子公司、董事层和经营层相对应的权责利，全力支持优秀、有担当的管理层帮助子公司突破难点和协同资源，以严谨的工作态度和恰当的方案，向子公司提供更多帮助，以实现更有效益的经营成果。

以经验总结和有效实践化解子公司的核心问题和矛盾焦点，以耐心和用心推进、抓住每一个促进子公司进步的思路和机遇，原则上以子公司发展为核心，以发展中小股东为出发点，在坚守首先对客户和员工负责的前提下，推进母子公司的协调发展，在坚持公司整体利益的前提下，兼顾员工个人收入的提高和职业生涯的发展。

四是集团管理创新化。

在创新源泉上，必须把握子公司的经营实际情况和员工真实想法，尤其是中高层、业务、研发人员的真实想法。要用良好的渠道和多方位的视角，获取子公司的真实信息。要建立员工和客户满意度标准化操作制度和点到点的现场走访机制。要让子公司员工敢说真话、想说真话，从子公司整体立场和利益出发，建立一对一的沟通方式和验证通道。只有把握好真实有效的信息，营造畅所欲言的民主气氛，才能有母子公司的改善提升，取长补短、创新未来。

在创新内容上，重点关注客户需求下的合同订单中标情况、客户不满意的点、业务履行过程中的难点、子公司资源未满足市场的薄弱点，制订弥补子公司短板的规划，提高其竞争能力。重点关注员工的不满意之处，包括薪酬、培育、福利、职业发展、工作环境和管理的公开公正公平，重点关注销售增长、利润增长、客户成长、员工成长等以及一系列预案和行动方案的操作、执行和落实。

在创新方法上，根据市场调研反馈和技术储备，运用 IPD 工程设计好产品规划，根据母公司眼前能提供的各类资源和共享共创的深入创新，衍生出适合子公司需求的新产品、新技术、新方法和新模式。根据员工要求，结合子公司实际增长和母公司的成功经验，适时、适地为子公司提供满足员工需求、促进企业与员工共同发展的管理思路。在薪酬机制上，设计业绩提成、创新基金或成本节约奖励、股权激励、合理化建议奖励、年度或季度奖励、年度薪酬提升差异化方案等。在业务培训上，建立外训、学习基金、内培、线上学习、线下阅览室等。在员工成长上，有定岗、调岗、轮岗、一岗多能、晋升等制度。在考核体系上，追求效率、公平、公正、透明，实行数据化、合理目标化和总结提升化管理。

在创新分享上，每年必须更新两次各类集团化制度、流程、表单和手册，必须有一到两次集团化培训体系或总结改善推进计划，高层必须有宽容、智慧的沟通和冲突预防机制。运用 OA、微信及定期会晤，推进 5+10 和 3+2 产品战略，推进补齐产业链上的产业短板，推进产业链上下游延伸上的研发和资产并购。

在创新核心上，必须坚持成就客户、服务员工的信念，形成子公司或事业部总经理的培养、培育及储备人才梯队体系，坚持对子公司实际经营情况展开真实调研，使集团内部思想沟通逐渐一致，坚持尊重母子公司文化差异、和而不同的信念，坚持资源共享、共创、共赢，最终必须朝着集团化战略纵深不断推进，为成为国际一流的物联网公司努力奋斗。

财务和审计创新发展

在物联网战略集团化的推进过程中，财务和审计的功能越来越重要，他们发挥着重大的风险预防和价值创新作用，在集团的后续发展中，要更加重视财务审计功能，注重以下几个工作重点：

一是财务规范化。

重点确认销售收入的严谨性，系统项目按验收单执行，出口收入按进舱报关单执行，元件按收货单确认；重点确认成本结转的准确性及分摊标准，每季度梳理标准成本的更新，抽查 ERP 或进销存账是否一致，注意分摊费用、预提费用计入是否合理。在审计核查中，要对所有合同进行复查备案，重大合同需实地对比查看；在机物料水电费用上，必须核查产量和节能措施执行情况；在一线人工的费用上，重点对比产量、工时的变化情况；在销售管理上，要将所有销售费用与销售收入、毛利变动情况进行对比；在废品收入上，要对比前一年同期情况，结合产量、产品的结构变化，确认废品回收价格的变化及规范；在非经营收入上，重点对软件退税、政府补贴、研发费用加计扣除等科目进行核实，确保损益准确。

在资产负债各个合计科目中，要重点规范应收账款对账单函证，抽查并确认重点合同的应收款真实有效，抽查对账单函证时，必须覆盖百分之七十以上的应收账款；规范往来款，及时清理及确认挂账科目；规范存货账实相符抽查和跌价计提；抽查固定资产和无形资产；对未验收的重点工程和现场实物进行一一盘点，重点核对账务与实际情况是否存在差异；同时核实是否及时缴纳税费及缴纳税费是否准确，加强现金流量表分析，归纳出应收应付与经营性现金流量之间的动态关系，实现损益、资产负债、现金流量三方平衡。

二是财审信息化。

在ERP管理体系中，重点监管收发存体系，源头追溯入库材料的完整和规范，追求半成品、在制品、成品收发存一致；协同技术管理部，改善BOM及品号，确保每一种原材料和半成品、成品的收发存正确；实现开票软件自动化，减少误开及手工作业量；用心核查每个会计模块之间的接口和串口是否一致、准确，衔接好各个会计模块的科学联动，打通整个流程，在业务端接单→签单→入库单→销货单→出库单→发票→回笼→应收账款及销售收入→成本结转→制造费用归集→毛利核实→三大费用计算分析→税前产品利润的各个环节上进行核算，实现各个环节上的信息化管理。

在信息化推进中，必须要做到源头准确，包括BOM和品号、入库单和销货单、计价单位和币种等；必须要做到前后有关联，环环相扣、一气呵成，解决断点上信息的误差；必须要根据公司集团化、产品系统集成化、投资多元化的要求，对信息化进行创新，以适应战略变化；必须要持之以恒，不怕麻烦、不怕辛苦，把财务信息化提高到新的高度。

三是财审一体化。

财务工作是以确保数据正确为前提的，而审计工作恰恰是质疑数据真实性的，因此，财审只有充分融合，才能得到有说服力的财务报表。

在销货收入管理上，要重点核查价格管控和物流中心数据，并确保各大仓库收发存数据准确；在应收款管理上，要核对重点客户的账务是否一致，进行业务管控；在采购管理上，要重点核对单价与核价单，实现价格、量、款三权分立的内控制度，把握入库量和合理存量的关联及非标物料与MES单的关联。注意及时处理呆滞物料和非标物料清退，做好合理存量的管控；在固定资产审计上，要平衡设备最佳性价比采购。从投资产出收益比出发，既要考虑自动化设备效益和品质、产能设备是否必要、经济，又要考虑如何延长设备使用寿命、对应备用备件的消耗和能耗，做出最佳的设备投入选择。

在基建审计上，一方面要从设计标准和日后回报（如房租收入）的变化角度来考虑现有投入；另一方面又要精打细算，从品牌、数量、单价、维护成本等角度综合考量基建投入，尤其要关注隐蔽工程取证和日后决算。

在人工费用上，要核查自动化设备节约工时的投入产出与申购时的差异，也要核查单位产品的劳动力成本，尤其是微利产品的劳动力成本，更要核实销售及管理人工成本占销售收入的比重变化，重点奖励业绩提升的优秀人员，降低业绩负增长或未达标人员的收入，实现不思进取人员的自动淘汰机制，保持适当冗余后备人员的成本提升，加大研发投入，为未来的增长奠定基础。

在机物料审计上，要把握好单位产品机物料消耗每年下降比例和机物料选型、供应商管理，加大实际使用部门和采购者成本奖励力度，注意总结和创新，每季度及时奖励费用承包部门；在废品收入上，要重点检查单价、重量、数量，对最终的重量差异必须从产品结构、在制品情况、含水分情况、料头及其他废物中一一分析审计，最终确认收入；在房租收入中，结合实际面积及空闲率、单价及返回比例、楼层差异及起租时间等，使用收入软件，自动计算。

在事业部审计中，除了材料采购中涉及数量、价格外，还要到现场查看消耗是否合理、库存账实是否一致，存量是否合理，确认以旧换新及废件的数量，并查看报废是否严谨。对费用审计，重点涉及人员工效和收入工资变动率分析，在项目差旅费方面，运用钉钉软件分析工效和行程、车辆行驶里程及加油对比、配件和车辆维修定点审计和维护费用合理性，核查采购供应商现场和谈判价格；对除合同销售外的房租、配件、服务、安装、废品、二手倒卖等其他业务收入，要求收入流程完整。

在财审一体化过程中，必须要做到现场、账务、台账、票据一致；做到现场采购商真实和成本合理；做到仓库台账、实物、废物一致；做到财审与信息化充分融合，以信息化和软件手段协助提高财审的效率和可靠性。

四是分析透彻化。

销售收入变化要关注客户结构、项目验收情况、出口报关情况等，从业财融合上，再次通过分析产品结构、单价移动、重大合同履行、重点客户销售收入、项目进展情况等方面来确定毛利率变动；从材料成本角度，要重点分析产品结构、材料单价变化、系统集成项目 BOM 归集的准确性。从制造费用角度，机物料分析需按照实际情况，分别对产品数量或工时进行分类对比，重点关注部分机物料，如溶液，要注意天气、气温变化因素。从电力损耗角度，除了基本电力损耗、空调电耗外，产品和设备台数变化、每台设备耗能、设备空闲率是否存在线性关系，需和设备部门一一确认，财务可以通过分析设备部的每月电费来核实电费支出的合理性。从加工费用的变化上，财务必须关注计价单位，例如线切割是面积，电镀和烤漆是表面积，热处理是重量，不同品目的加工费用支出差异极大，深层原因在于产品结构对加工费用的影响很大，需要财务人员和外协采购员、机加工管理人员紧密配合，寻求不同类型的加工费用同比、环比变化。对真正的产品结构变化及可能存在的计算误差，尤其是加工费用忽高忽低对该类产品毛利率产生大幅影响时，必须高度警惕，并剖析数据，穿透计算过程，结合实物，提出财审，分析疑惑，寻求真实答案。从销管财费用分析角度，重点关注销售费用人工支出与回款的关联，关注三大费用在同比、环比中的移动可能。

财审透彻分析数据的能力不仅是专业性的体现，也是一个优秀的财审人员能够成为公司中高层管理人员的根本原因。财审人员具备了财审能力，也就具备了走进中高层管理团队的资格，尤其适合担任子公司总经理这一职务，这也是全球许多五百强企业总裁主要是财务总监出身的原因。

五是财审价值化。

一般认为财审是核算中心，这也是最浅层次的认识。把账做对，结果

柯力公司财务培训会

做对，财审就完成工作了。其实，这是最低层次的认识。

第二层次是财务应该成为利润中心，在合法、合规的前提下，既能利用国家会计法律和税务规定，在软件退税、个人所得税、手续费用、企业所得税汇算清缴、研发费用加计扣除、高新技术企业认定等方面为企业增加合法收益，又能通过和汇率套期保值让资金保值、增值，体现财审的价值作用。

第三层次是财审通过规范化、信息化、一体化、分析透彻化，来寻求边际收入、边际成本、边际收益变化下对收入业务管理、价格销售策略、产品结构的可能建议，尤其是新产品毛利率、人工成本分析分摊单位工时产品、制造费用与现场产品结构或环境或产量倒映准确性、费用节约等方面。从财务收集数据、分析差异、寻求管理真相，提升管理改善上体现财审价值。

最后，也是最高层次，财审通过预算和损益预测，结合 ERP 和资金报表的动态变化，敏锐察觉各子公司、事业部、主业各大板块收发存、销管财、料工费、量本利变动及异常苗头，预测企业的集团管理和各个部门管理中盈亏变动趋势，管控微利甚至亏损产品、冗余费用，对投资尽调基本面及可行性提出预判，对对利润构成影响的边际成本变化提出警戒，对组织框架、人力资源配置、股改、激励机制、销售策略、产品战略、成本控制、加大投入等进行分析，促进财审战略价值化。这才是财审管理的最高战略境界，体现了财审部门的地位，也便于公司从财审部门输出优秀管理理念和选拔集团中高层干部人才，从而真正实现财审价值。

柯力和科杰合作对行业的影响

柯力和科杰的合作近来引起行业热议，这对行业的发展也是一件大事，作为柯力人，我想就行业的发展阐述几个观点：

一是重新定义衡器行业。

从传统的杠杆秤、机械秤到电子衡器，秤台、传感器、仪表是狭义的衡器常见的三大组件。

从广义上来说，衡器的定义应该是产生称重数据的设备，其本质是数据，是具有强大现场数据处理和后台作业系统的平台，同时数据必须取得链接，必须准确和真实，必须走向用户经营生产过程的自动化、信息化和智能化，为用户带来人工成本降低、物料成本控制、设备使用效率提高、工艺质量提升等益处。

衡器的定义应该是解决称重问题的装备，其本质是方案。企业如果没有从用户内心的需求出发，缺少对真正价值的源头探索，又没有能力和实力挖掘、满足用户的需求，必然会陷入价格竞争，导致低毛利，甚至濒于亏损。要知道今天的狭义衡器，所有硬件都是透明的，高价、高利的背后，一定是技术的积累和管理的创新，是高品质、高性能的结果，一定是为用户带来价值的结果，一定是主动拥抱变革、大量投入产品研发的结果。需要我们在人工智能、工业软件、大数据、边缘计算、自故障判断、5G 技术等领域投入努力。只有打开行业的窗口，我们才能避免成为井底之蛙，才能看到辽阔的天空，望到行业发展的远景。

今天，柯力和科杰两个公司的合作就是对行业空间的拓展，这一合作延伸了行业产业链，突破了行业成长瓶颈。

二是创新发展是行业唯一出路。

目前，中国的衡器行业生产规模小，销售额达到亿元及纯利超千万元的企业屈指可数，工厂生产的作坊式和同质化现象严重，研发投入和技术积累薄弱，人才稀缺且留不住。销售中，经销商控制部分生产商的终端话语权，生产企业沦为制造车间。没有积累，何谈发展？因此，在传统衡器产

福州科杰 2020 年管理人员大会

品发展上，必须整合制造，树立品牌，把中间商转为服务商，把制造企业变成规模化、自动化、信息化、现代化企业。

在传统衡器上，柯力必须做好传感器仪表，坚决不做衡器、不做秤台，即便和科杰合作，也要逐渐去衡器化、去秤台化，为区域性衡器制造商提供更多的技术创新，提供质量更可靠的传感器仪表和物联网产品服务。即便在细分市场有竞争，也要着眼于合作，维护好价格和市场，合作共享。要制造更多功能性的创新产品，以单一设备元件满足客户核心需求，以更多、性能更佳的产品去满足市场需求，而不是靠降价和相互拆台，避免陷入价格竞争的怪圈。

三是走向有序竞合的行业生态。

目前，行业正在从传统的上下游分工逐步向行业生态创新方向演变。柯力在和科杰合作后，坚决不再从事衡器生产，逐步退出衡器制造的历史舞台。

柯力和科杰在物料物联网领域的合作，是把衡器秤台视为产品组件，类同于传感器和仪表。柯力既是传统衡器企业的供应商，又逐步转化为衡器企业的客户，真正地形成行业生态。这种生态并非简单地把企业分为传感器仪表生产企业、工业衡器生产企业、商业衡器生产企业等，而是把行业窗户打开，把行业蛋糕做大，共同创新、满足终端市场，把三百多亿盘子的小行业，发展为上千亿规模的新行业。

在新的时代需求背景下，每家企业不进则退，相互之间是竞争关系，更是合作关系。发展需要的是创新，不是故步自封，是扶持，不是猜忌。要身体力行地为行业发展服务，为行业中优秀的企业服务。

这个世界从来不缺少利己、坐享其成的人，而是缺少创新者、实践者、奋斗者。春华秋实，为行业进步所付出的努力、所做出的创新，最终一定会得到回馈。

时代在变，客户需求在变，员工在变，每家企业都在发展变化。行业中不同的企业，或定位于配件生产，或定位于秤台制造，或定位于经销服务，或定位于细分市场下的行业专用设备生产，或定位于外贸出口，一切井然有序。可是市场竞争又是残酷的、血淋淋的，市场从来不会保护弱者，也从来不会相信眼泪。只有对行业做出更多创新，才是真正的强者，不能再以20世纪的眼光来看待今日的行业。

上下游的分工或集成，取决于市场的需求创新和企业自身的核心竞争力。但是，对中国衡器的发展有利，才是硬道理。真正朝气蓬勃的行业应该是百花齐放，而非一枝独秀。

所谓行业发展的模式，不管是分工，还是一体化，其最终要看是否有利于行业进步，而不是一家之利，更不是损人利己；其最终要看行业中的企业是否积极进行创新、创造，而不是大家陷于价格竞争的泥潭，不求进取，借分工之名，谋一己之利。

柯力携手科杰走向物料、物流物联网，前提是拥有共同的价值观，即为用户创造物料、物流的自动化、信息化、智能化和高效化，创造更大价值；柯力携手科杰，前提是执行共同的战略，即把企业建设成为国际一流的物联网公司；柯力携手科杰，前提是承担中国衡器创业发展的历史使命，让这个古老的行业和产品洋溢出青春奋斗的气息，为全球衡器企业提供行业所需的解决方案和数据，为中国衡器行业创造民族品牌而努力奋斗。

我们必须从系统性上延长、优化中国衡器制造产业的价值链，通过增加对价值链上影响最大的知识性服务要素投入，带动行业盈利能力和效率提升。其发展途径是从制造走向服务，从产品走向系统集成，从称重走向物联网，尤其是物料、整个物流过程中涉及的车载、无人值守、准确计量、质量检验、自动仓储 AGV、拣重分选、无人货柜、体积测量、仓储冗余、叉车改造等，体现设备在线控制检测、远程服务、自故障预测、防作弊、在线计量，减少人工成本，实现物料收发存信息化，结合 ERP、MES、APS 企业管理系统，为用户带来真正的转变，从衡器走向称重物联网再走向物料、物流物联网，这可以为行业中的企业提供一条未来可期、开拓创新的道路，更可以为行业的发展“杀”出一条提升空间的道路。

柯力与科杰合作的行业创新样本道路，是逐渐去衡器化，坚决去秤台化制造，坚定不移地为用户打造自动化 + 信息化 + 物联网化物料物流的道路，以勤奋和智慧，真正为行业企业提供一条传统衡器制造企业的转型升级之路。

创收与增益

探求新形势下的营收突破

物联网战略下的销售增长策略

公司管理最重要的目标在于企业自身利润的增长，唯有利润持续、稳定增长，才能铸就公司长久发展的基石。实现利润的持续增长，是一项极为艰巨又富有挑战的工作，要求我们必须从全方位的战略格局高度来铺设销售增长之路。

首先，稳定常规市场，提升销售收入。

在传统产品的销售中，必须牢牢占据市场，保持市场占有率。同时，要有充分的思想准备，传统的产品由于技术门槛不断降低和竞争对手变化，客户必然会不断追求低价位的产品，从而导致市场被蚕食，而这些产品往往是量大利薄的。因此，从市场定位角度来看，要建立一套完整的、适应不同客户的产品工艺技术和材料成本标准，还要分析竞争对手的成本，然后做出恰当的定价策略和产品销售策略，来确保销售收入稳定，推动盈亏平衡点向下移动。对此类产品，销售稳定不是从利润增长角度考虑，更多的是从稳定销售收入考虑。这个要求既压制了对手发展空间，以减轻后续的压力，也自我加压，谋求上量后精益成本创新和供应链端价格话语权，是平衡眼前和未来、空间和时间的营销策略。

在实际经营过程中，要抓住研发和工艺 BOM 清单，针对每一个 BOM、每一种物料、每一款价格，都要制定多种成本管理策略，包括供应商数量和采购额平衡、供应链战略、替代物料和新材料开发、财务杠杆和供应链金融、资本运作和邻居配送等，争取把成本管理运营极致化。同时，在费用控制上，要解决工效提升和单位产品劳动力成本下降、合理布局和物料站建设、单位产品的机物料和能耗成本下降、物流费用和包装成本优化等问题，通过提升产量来降低产品的成本，从而使得价格稳定下降后依然能保持产品毛利率下降可控，达到销售收入稳定的局面。

其次是要加大产品研发和市场需求开拓力量，通过产品结构调整提升销售收入。

一是提升铝合金产品在传统商用衡器、电子消费品、无人售货柜、智能零售终端、医疗设备上的应用拓展。通过建设专用生产线、专用设备和工艺、专门工效和人员、专门采购供应链体系、自动化品控手段等，形成铝制传感器特色生产线和销售增长点。

二是分析非衡产品每月累计的行业分布情况，寻求快速增长的行业如畜牧养殖、不停车检测、码垛机、垃圾回收、环保设备、涂料等，引导业务和市场两大部门双管齐下，从点到面地探索市场变化，地毯式地搜集潜在客户群，推进非衡市场的拓展。同时，加强产品定制保护，维护客户的独家性、唯一性，制定价格保护体系，加快国际市场推广和认证。积极将柯力公司现有的技术平台嫁接于不同行业非衡产品，如 CAN、高精度、防爆、防雷、防水、防腐、防作弊、自故障判断、软件、物联网等，共同推进非衡产品量的提升和质的飞跃。

三是产品高端化。尤其是在新冠疫情影响下，要努力寻找进口替代产品和加快提升出口市场占有率；要用心研究国内外同行先进的优秀产品技术标杆和应用案例，在消化吸收的基础上不断创新，形成柯力公司高端化特色途径；要加快注册海外公司，形成品牌；要落实各类高端证书，如OIML、NTEP、ATEX、UI、ROSE、CE、FM、CFM和特种设备认证等。特别是对高端产品市场定价，要实行前期全价，后期按量折扣、按年度协议执行的价格保护体系，在重点区域、重点客户中，务必形成客户区域专用或者量少共享型的高端产品销售体系。在仔细分析历史上部分高端客户销售减少的原因后，提出改善措施，形成进口替代和出口市场占有提升计划，从而在高、中、低端市场都能占有一席之地。

四是无人值守一卡通产品。在年度分解指标上，要引导落后业务员吸收先进业务员的销售经验，柯力公司在价格、产品、渠道等销售策略调整的基础上要积极开拓市场，加快软件开发周期和人才梯队建设，形成软件接口协议库，形成定制化、模块化的软件开发思路。落实软件报价业务员做主的政策，落地服务以售后人员命名的操作手法、手册及激励政策。引领国际市场的业务员在国内现场巡回服务，将国内业务开拓的思路、服务总结报告分享给国际市场业务团队，全力形成海外版无人值守一卡通产品，按零配件销售和系统集成方案两大类产品思路进行市场推广。在国内销售中，还需加强自故障判断、在线监测、图像合成、人脸识别、人机对话、差异化硬件等有竞争力的配制和优势技术、产品，并筹建国内的招投标专员团队，专门为各个部门的招投标项目提供市场情报和业务信息。

五是在衡器物联网发展上，形成对应用进行有效反馈的客户群体，建立物联网年使用量超过50台的专用客户巡回服务体系，与这部分客户共同商讨后续衡器物联网应用市场痛点和产品开发规划，挖掘市场应用价值，紧紧抓住客户需求，从以面推广到以点深入，再反转影响部分客户，进而直击物联网应用价值的痛点。同时，总结衡器物联网逐渐延伸到其他应用行业或场景的条件，将衡器物联网三年多的宝贵经验，应用于开拓其他行业的物联网，夯实公司物联网战略基础。

六是加速发展国贸三部业务，把国际贸易公司与海外公司、海外仓、海外物流建设、海外投资结合起来。要运用投资和贸易两大平台，进行海外公司布局。要利用国内投资的子公司产品归集于出口业务，利用产业园区企业的海外出口需求放入三部业务，利用疫情时期医疗物资出口要求，整合公司现有供应链平台上的产品，如导线、接线盒、砝码、仪表外壳及电子元器件、商用衡器、物流设备、打印机、无人值守配件等。按海外客户需求，打造提供一条龙服务的新业务，变国贸部门为进出口业务部门，再逐渐转变为有投资、贸易双重功能的独立公司。

再次是拓展工业物联网应用业务来提升销售收入。

在市场端，必须保持最敏锐的触觉。所有人员在深入把握智能制造大环境中物联网潜在或萌芽需求的前提下，建立跟踪市场需求的调研机制，健全发现市场的激励政策、创客化和期权激励，在宽容的环境中，增加对市场部门人员的经费投入。同时，注意嫁接现有的物联网技术、平台、资源，坚守搜集一批、调研一批、摸底一批、启动一批的原则，坚持成熟一个建一个的工业物联网部署思路，形成行业应用落地的工业物联网部门。

在不停车检测销售中，要跟踪好每一个信息，制订宁波每个区的年度项目安排计划。分设市内、市外两大业务团队，每周汇总所有项目的进展情况，执行每周计划跟踪及周六对比情况注明，重点说明项目进展的每个环节落实情况，抓紧产品自故障、检测大数据及窄板、动态仪表、触摸屏、站点和县级软件平台，实现项目标准化流程，确定模块化施工进展方案。全力关注内部成本最优化和费用管控最合理的方案，全力预防回笼风险，努力建设具有公司特色的项目管理体系。恪守公司项目文化，即全力以赴开拓和创新，实行风控与费控的坚实基础管理。

在二部发展中，重点引入生产线租赁和料罐回购中的业务经理奖励机制和风险承担机制，引入新的项目部经理，新建一到两个项目部，提高料罐租赁数量和销售收入。筹划湿拌砂浆搅拌设备，试水信息化平台，与投资相结合，进军建机物联网。

在三部发展中，单独设立环卫垃圾分类事业部或畜牧业养殖事业部，要在细分行业中重点提高复制销售能力，重点考虑在细分行业设备制造改造、物联网应用、服务全方位销售体系，摆脱单一称重设备体系，纵向打造行业设备“三化”应用产品体系。

在四部发展中，重点利用投资平台，引入、培养优秀的业务、采购、服务、人力、财务经理，拓展骨料、水泥、海关、垃圾处理、建材、冶金、化工等行业的一卡通物联网体系。

在五部发展中，准备好智能物流设备制造品管、采购等体系，盯紧终端用户使用要求及快速迭代开发，开拓菜鸟物流等储备客户，做好仪表事业部下智能物流设备班组组建，规划好同月产五百台到一千台资源的配置体系和成本质量协同方案。

在六部发展中，在固化危化品仓储、处置、运输物联网的基础上，深入无人值守货柜、自动零售柜、企业仓储物联网改造体系，会同自动化、立体化仓库企业进行市场开拓，会同 WAM 软件企业进行第三方合作。未来在医疗、割胶、车载等更多的行业中，进一步融合物联网，寻求更多的突破及营收兑现。

最后是通过产业生态和资本投资双圈良性循环实现销售收入增长。

在业已完成的二百六十多家企业入驻产业园的基础上，构建八个产业节点和十多个行业应用中的投资节点，同时以更大决心投资，促进产业园区发展。每年对两到三家现有企业以 VC、PE 进行入股，又以两到三家投资并购到产业园区入户。通过 OEM、ODM、销售区域总部、合资合作、兼并重组等方法重点在各种物理量传感器、物联网平台（人工智能、大数据、软件、模组等），智能装备和应用服务上的三大领域加大产业生态建设和投资力度。沿着物联网产业链进行战略布局，通过平台生态来促进销售收入增长。突破力学传感器和传统称重设备销售瓶颈，这是当务之急，也是柯力公司市值管理中价值增长的最核心内容。

当然，必须关注物联网的市场机会，如信息化和集团化管理的规范、有效与否，使柯力公司形成符合企业文化和内在规范别具一格的文化体系。形成多梯队、多层次的子公司中高层管理和事业部核心管理人员配置。设计好股权激励方案和利益分配体系，实现产业生态与资本投资双螺旋式上升。

争取在三到五年内，在物联网生态和资本投资下，涌现在资本市场 IPO 的第二家上市企业，为实现工业物联网产业创新走好每一步，为实现公司的愿景和使命而不懈奋斗！

物联网销售战略再深化

随着物联网战略步入第五个年头，共发展也逐步进入以销售收入增长为核心的阶段，应用场景已经突破一两个行业并积累到上亿元销售额的工业物联网事业部开始出现，并正在快速实现战略上的转型升级，以建设国际一流物联网公司为愿景的发展方向也逐渐清晰。行业目前正朝着传感器物联网的“5+10”战略不断推进，朝着智能制造、智慧物联、生态投资战略方向不断变革创新，为此，需要做到以下几点：

一是要推动传统业务的稳健发展。

就市场份额而言，必须要坚决维护柯力公司在传统衡器，尤其是工业衡器领域的领军地位；要贯彻质量体系有效运营和品质第一的原则，所有差异化品牌策略必须坚守质量可靠稳定的方针，宁愿公司少赚，也要维护公司声誉；要本着对客户负责的态度，保证每个产品在现场得到客户认可；要加大成本创新力度，新的一年，供应链部门要善于运用集团化、投资子公司、产业园区、新事业部、供应商、自制车间、邻居配送等新的思路，重点突破表面处理、线切割、附件、钢材、芯片、外壳等，来实现年度节约两千万以上的成本和减少四十万个工时的目标，使传统产品有百分之五到百分之十的价格下降空间，从而依靠供应链战略创新、自动化、精益生产、外协转自制、自制对外输出、集团和园区资源协同成本优化而不是降低品质要求来维持市场占有率；同时谋划未来三年的成本优化，为长远稳定占有市场奠定基础；基本确保实现一百万只桥式传感器、一百五十万只悬臂梁传感器、五十万只铝合金传感器、六十万只其余传感器的新年度销售产量目标；量产要为边际成本和边际收益夯实基础，实现量本利的不断优化循环来突破竞争壁垒，体现龙头企业本色；要加大市场支持力度，在考虑区域平衡的前提下控制经销商价格；对信用评级为优秀的客户适当放宽账期，支持业务员的塞库计划和打击对手的降维要求；加大常规产品的合理存量，放大和优质客户定制产品备货；计划新建兰州或长沙物流中心，增设豫北、云贵、深圳等地办事处等。

二是要落实高端生产线的完整落地。

对于高端产品线建设，一是要单独组线。在新的十八层人工智能大楼中，拿出一到二层，单独组建高端产品生产线，执行独立原则。二是要奉行质量优先确保原则。在工艺上严格执行高标准，对不符合标准的予以淘汰到中低端品牌，或重新返工，甚至作为废品处理。在生产周期中，不得执行最快流程，一切以保证质量工艺时间为前提，耐心向客户做出解释。增加自动化、信息化设备，实现品管的数字化管理，增加自动化检测装置，安全可靠地保证质量，对整条生产线实行全封闭门禁管理，非书面授权一律不得进入生产线，并提升生产线所在车间的无尘等级。

三是在销售上必须执行出厂价格统一。

在出厂价统一基础上，给予行业指导价格，实际操作中一律按量、按书面协议给予折扣，且在一个完整合同期后，才能予以折扣。任何人员包括公司总经理,无权超越高端产品定价原则。

除此之外，还要严格执行客户定制产品唯一性原则；要加快高端产品国际认证和专利保护；要注意国内外区域冲突和中英文语种区域严格划分，对国内英文标执行国贸的价格要求；调度部门要执行常规和优质客户定制的产品合理存量制度,从而使 APS 体系得以执行。

四是在材料采购上必须保证最佳品牌而非成本考虑。

在外观设计上，要体现顶尖工业品牌的设计思路，由技术管理部谋求与国际知名工业设计公司的合作；在附件上必须匹配主件产品质量要求；在包装上向行业内国际品牌看齐，使包装达到最高档次，说明书达到中英文双语国际标准。

五是在研发上,鼓励产品经理和项目经理大胆自主创新。

这就要求在实际工作中，借鉴新型材料和有限化三维设计，借鉴最新前沿科技创新,如无线低功耗、高精度宽环境适应、人工智能、多分力、多物理量、自调整自适应自补偿自计算智能化、动态计算等,设计出真正符合柯力公司特色、达到行业顶尖水平、满足客户需求、同行难以模仿的经典之作。对高端产品研发，要有专门的重大奖励举措，如：在产品经理管理制度和新产品开发奖励中予以重奖，创新产品型号以研发项目组组长名字命名,在股权激励中重点体现高端产品开发的业绩奖励等。

六是要开启非衡物联网起量征程。

物联网产品战略经过三年多推进，目前产品线已经逐步定位于无人值守、一卡通,应用于骨料、水泥、垃圾焚烧、海关等行业物料管理系统；定位于交通公路超载、限载及自故障检测、大数据分析、不停车检测系统；定位于干粉砂浆料管租赁走向信息化平台和建机物联网系统；定位于解决快递、门店物流和零售自动无人货柜、体积测量、分拣和检重系统；定位于环保设备解决危化、固废处理、运输、仓储物联网系统；定位于畜牧业物料管理和喂食、住舍物联网场景系统；定位于货车车载、叉车运输、AGV 搬运及物流仓储、运输、园区管理系统；定位于冶金及化工设备信息化和智能化称重物联网等。

在明确定位后，要关注在市场调研和业务规划下的销售机会，在洞察市场分工和加强市场调研力量的基础上，结合产品经理的前期工作，将其功能转移到市场需求挖掘上，从而确定市场突破的方法，明确产品经理工作重点和新产品突破思路，并随着市场需求、后端变化，再作产品规划调整,加速迭代开发,形成物联网产品体系。

同时,务必加强销售团队建设,从老业务员工、校园招聘计划中储备的 95 后大学生、竞聘上岗的其他部门人员、合作伙伴中现有或转型的业务团队人员中,组建新的物联网事业部业务团队。

业务员一旦有了市场明确信息后，就能立刻找到对应的产品线经理或

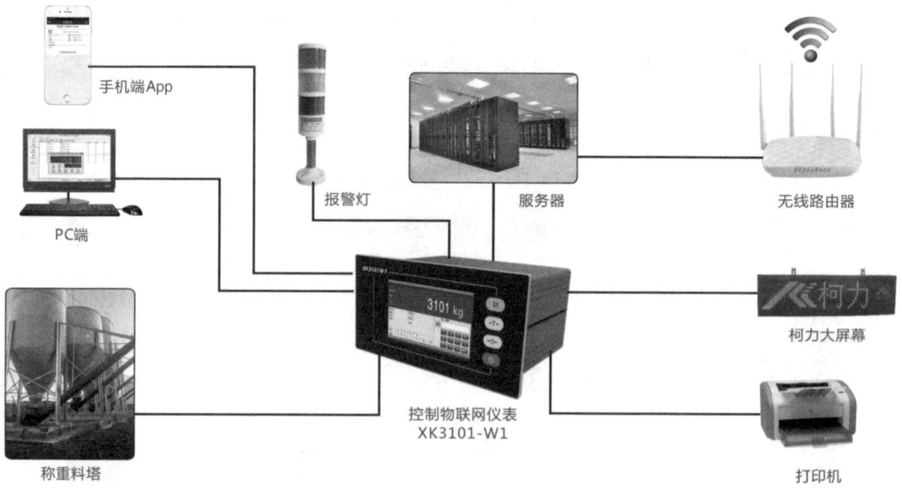

称重物联网系统

项目经理，建立专门的微信群沟通，对进入 MES 签单的订单，非衡物联网业务部或研发部有权到出差现场后再进行签单落实。市场及企业文化专员要善于总结案例，形成视频及样本，拓宽市场渠道，及时准确地进行市场推广。务必先按照方案，再整体布局，然后形成顶层的产品体系，最后切入硬件元件和设备，继以结合客户需求开发硬软件、综合设备，辅以模组设计、通信技术、服务器和数据中心平台，形成整体物联网体系。重点在于凸显自故障检测、多物理量传感器融合、无线低功耗、防爆防雷防作弊、大数据生命周期分析、人工智能等功能。

以上措施的最终要义在于，加速形成柯力公司产品特征和竞争壁垒，充分利用现有的各类技术平台，务必把投资功能融合到事业部，将补短板和延长板作为核心手段，把产业园区资源融合到延链、深链、补链、强链功能上，通过建立投资急需目录、资源共享模板、投资合作框架协议、投资项目一揽子计划、两到三年经营规划计划书等，来突破现有事业部的发展瓶颈，促进事业部发展更上一层楼。通过产业园区重点培育智能制造、工业机器人、物流、智慧消防等重点产业链，并运用产业鱼刺图来展示材料、传感器、模组、通信、软件、设备应用服务、大数据等节点上新，招商或投资的企业与现有事业部资源相互补充、相互整合产业园区发展、培育战略，为新的事业部发展和工业物联网特色产业园区提供方向和目标，最终通过一到两年时间的积累，实现公司控股的工业物联网有三到五家事业部或子公司销售额破亿，柯力公司参与投资的工业物联网产业园区企业有两到三家销量额突破五千万，培育出的产业园区企业有三到四家销量突破五千万，形成十家以上具有一定规模的物联网企业和产值超过十亿的产业园区。

最后，要坚决形成多种物理量传感器布局。

传感器是工业物联网最前端的数据来源，也是目前物联网产业的薄弱之处，因此孕育着大量的市场发展机遇。结合柯力公司二十五年来的发展经验和产业园区战略布局，应坚定不移地把传感器产业当作物联网战略的核心发展方向。具体有以下几个方式：

一是通过展会、协会、第三方招商机构、行业研究机构、资本市场、客户、供应商、平台等多种途径形成招商、投资、行业分析。在国内，甚至全球范围内，对不同物理量传感器，细分传感器类别中的前五名企业，进行逐项梳理、寻求合作。

二是在合作模式上可以灵活选用，既可以采取松散型，如 OEM、ODM、代理和委托采购、产业园区招商设立公司，也可以采取紧密型，如销售合资公司、生产制造型合资公司、细分产品线合资公司等，还可以采取战略型，如并购全迁、控股宁波合资公司、投资合作对家原先的公司改进培育成为公司下属的子公司。

三是在投资或招商中必须把公司资源、文化与合作对象加以充分融合，在生产制造车间共享产能、供应链战略，实现销售渠道通畅、设备自动化信息化，使得检测系统与品检体系、研发平台和子系统技术集成、ERP+MES+APS+ 精益生产 +IPD 等管理平台、人力资源和行政服务等都能够体现 1+1>2 的合作布局。

四是变革创新，把成就客户、帮助客户创造价值的文化带入新的传感器公司，尊重合作伙伴的创业成果和核心诉求，抓住市场订单这个牛鼻子，把握品质成本性价比，构建市场存量竞争策略，运用市场增量抢占手段，创建合作后的竞争壁垒和差异化产品策略，建立符合客户价值的流程和资源配置机制，在恰当的时候适当牺牲公司的眼前利益，以实现赋能于新的合资公司的目的。在销售增长和利润可持续的前提下，发挥合资双方核心成员的积极性，实施积极的薪酬和股权激励制度，从而确保双方的权责利匹配，并根据市场变化和竞争情况不断调整合资公司管理机制，在非重大原则问题上，形成合资公司和而不同的管理文化，为成为国际一流传感器公司而努力奋斗！

论销售新增长实务操作

销售增长是公司发展的基石，特别是在新冠疫情的影响下，每一位柯力人都需加倍努力，努力从产品、技术、质量、交期、服务、客户合作关系等方面全方位满足甚至超越客户的需求，实现2020年销售增长的目标，夯实成就客户的柯力文化。要达成以上目标，以下几个方面的努力必不可少。

一是加实产品策略深化增长资源。

在传感器方面，进一步提升传感器外观审美，重点解决并跟踪QS温漂、拉式方位误差、柱式同轴度、EDS航插、铝合金产品角差及蠕变、GLC耐磨涂层、材料验证、QS替代品性能（含底座改进及灵敏度一致性）等问题，同时，完善动态阻尼、CTS、NLC、FCS等中高端传感器。开发车载应用、窄板WIM、机动叉车方案、车载快速改装；开发非衡应用包括无线电力（铁塔监测）、电梯钢丝绳新型张力、铝制数字单点式、数字化单点标定的货架称重。物联网应用包括W1701，与物联网后续深入推广结合，W2001系统在展会后立项。认证上，CLC、SDS、SQBY、SQB-D1t等认证按认证流程执行。

QS 弹性体流水线

在仪表方面，改善 DPM-8S、CAN-A（m）模块、T1-USB、外置蓝牙；开发 D38（Windows 及 Linux）、08-W（CAN）、D12-W（CAN）、KL3101-S1+W1（断电仪表保护）、不锈钢防爆仪表、GLC 数字化传感器与动态仪表、人机对话、5G、远程升级、无线充电、粉尘防爆取证、手势感应、通信总线（Profinet，Ethernet/IP，EtherCAT）、加密升级、高速动态开发、波斯文、泰文及低成本台秤仪表。

在软件方面，优化长宽高检测软件、服务器、一卡通、英文版一部项目；开发不停车大数据、自故障、市级平台、智能门店、二部产品平台（B/S 平台整合、远程标定、防盗、App 功能、定位、运行轨迹、平台管理），采集多物理量数据。

在智能元件方面，低成本化包括光栅柱、外壳、长度变化并且集成模块化、二线制重量变送器 KM02Z1，高端室外控制柜，发卡一体机、自助一体机改善、版本无人值守；开发材料识别系统、FD190 英文人脸识别系统、多物料配料控制系统、智能装车系统、包裹称重系统、定量给料系统、集装箱 CB300 控制器、智能货柜系统、智能物流设备。

在降低无人值守成本控制上，一是提高摄像头、雷达、立柱、壳体的性价比、模块化、集成化；二是加强订单前出差及应用场景，了解在订单上前置差异化选型，坚定落实成本与功能相对优化；三是开发新的竞争重点，如自故障预测判断、不锈钢光栅。

在自动化称重产品上，开发多台失重秤粉料配料控制系统、YCS 高精度单头灌装机控制系统、散料秤控制系统、称重扫码信息入库控制系统、大量程料罐定量放料控制系统、罐体集中重量监控系统、智能货架仓储系统、垃圾分类设备、分拣称重平台、医疗垃圾回收系统。

在干粉砂浆料罐称重及信息化产品上，建设信息化平台、标定远程、定位系统与信息平台对接核查费用、生产线及过磅物联网应用。

在产品管理体系改善上，对于创新项目，建立评审后的试错、容错机制，凡是创新基金、成本基金或者 I 类自主立项项目，允许失败，项目组可以不承担责任。年度自主立项的 KPI 考核项目至少两项，必须由研发部门自己提出来并且按立项时间进行进度确认。安排部分研发人员兼任产品经理，对在 2019 年 1 月份开始投放市场的区域前五位客户主要产品（销售额≥ 10 万元），进行巡回服务，或者单列专程服务。研发人员在立项或签单时可以提出出差要求，或由业务经理现场评审提出要求后再签单，费用由公司承担。同意研发人员与业务人员合伙提出建立独立的合伙股权人计划，具体按合伙人制度和期权激励制度执行，加快 IPD 应用工程，实施从 2019 年 4 月起的 IPD 推进计划。

二是加快销售策略深挖增长动力。

首先，在协调产品价格时，一要考虑区域平衡、调整幅度、量积返利、赠送或返利顺序、经销商管理、回款风险控制；二要结合定制、需求量和潜力评估差异化，重点考虑大客户市场份额、区域保护、客户增值，如子女培训、技术培训、巡回服务等；三要用好上市品牌，不忘初心，服务好客户；四要重视非衡、高端、非标、应用方案、大数据、集成、物联网（含非衡）；五要引导转型、技术支持，重视质保期、服务质量，落实质量第一方针。

其次，在具体销售策略上，对常规产品要提升性价比，提升质量，实施一企一策，打造差异化品牌与产品，遵守 CAN 保密协议；对非衡产品在价格竞争激烈区域中可以申请把衡力牌用在 S 型和销轴传感器上；定制化产品请一定要保护出货，参考行业专用产品案例。对铝合金产品，要量积返利、折扣，在质量方面精度实施差异化，如 Y 值、导线、阻值等。同时，在电子消费领域，必须在书面报告中反馈具体性价比的要求。

对智能元件产品，国内业务员在合同中重点约定指标；走访主要客户，对无人值守、一卡通市场进行分析，包括需求、竞争对手、可改善之处，尤其是在软件开发、硬件改善、差异化上调整销售策略；参照现有 2019 年 300 套左右无人值守案例分析并下发；在软件报价上，原则上由销售人员自行报价，根据市场需求和竞争情况确定，业务部门将软件报价权限下放至一线业务员和区域经理。在供应链平台，开拓映美市场，执行得实产品与映美产品差异化策略；在常规导线的差异上，控制更低成本并添置防鼠咬的功能导线；PCB 板、电子元器件、电池、选配件可以按申购单提出，有问题及时反馈。

对于不停车检测系统接单流程处理：列入每月问卷调查，有重点意向需求的，上门沟通；按各大模块方案报价。

对外贸销售产品，现有小地磅、导线、无人值守配件、仪表配件、外购的电子商业秤、平台秤、地磅及子公司流量计、气体传感器等。通过现有渠道和开拓渠道，由分管经理指定采购。

对高端产品，实行全价再返利协议，可以与销售协议签在一起，视高端产品的销量而定；对高端产品销量原因分析需深入；执行独家保护，区域内至少有一家客户实现高端化。

对于物联网产品，一是明确目前主要重点为体现防作弊、信息化、在线监测、设备故障远程服务、自动化；中期方向为自故障报警、设备选型、智能化；长期方向为生命周期研究、物联网化；二是以实际应用价值为出发点，走访每一个客户，月报中提报有效用、有价值的管理信息；三是抓住巡回服务的三大重点：有价值客户重点防作弊定位、服务经销商、集团化成套系统设备商；四是重点结合无人值守、一卡通等自动化设备，对三部灌装、配料等设备实施信息化，向成套系统方向转变；五是重点结合方案，尤其是参考软件应用结合于行业的解决方案；六是深入学习行业应用案例，举一反三，逐步进行复制推广；七是运用人工智能、视频、图像、NFC 及各类传感器平台发展；八是重视已有 XK3101-K/-W 升级推荐，向罐体、配料、货柜厂家推荐；九是巡回服务前，由业务员对服务进行定制订单确认再安排；十是智能物流产品可以由业务员走访门店、物流快递公司、货站，进行咨询和市场调研。

国际市场销售策略包含数字产品的价格及时调整，定制协议；在物联网产品上，深入价值点、定制服务器、书面反馈客户要求；在仪表销售上，运用折扣、定制 K 系列、从传感器销售中找到增长点；挖掘中高端产品及品牌差异。

在智能称重产品上，业务员需要加快开拓骨料、建材、公路等行业；加大周报力度，跟踪国内销售部；建立不同的提成体系，明确协议与规范；建立差异化无人值守体系，要求软件开发部跟进用户的需求，去经销商化；面向浙江宁波区域用户和终端集团直接推广无人值守、一卡通产品，以行业为单位，以经销商为渠道。

在创新的销售策略上，在安徽、广东、河南（郑州）建立自营车辆配送体系，对于江苏、安徽、广东、河南地区客户，运用周转箱，不再包装，直接送货上门。

运用卡位策略。对市场竞争特别激烈的地区，应对竞争需要，原来的衡力标准件价格如果需要突破，以书面报告形式提交业务经理审核后再上

柯力公司国际产品发布会

报；对部分高端产品、认证产品、专利保护性产品按需要提价；对运用周转箱节约包材的成本，让利于客户；要求经销商产品一律进入定制系列，如协议、附件、灵敏度、导线、品牌、包装；提高物联网定位功能、远程服务功能、防作弊功能等。

加快车载销售。实行产品经理负责制，解决上海市场问题，重点在精度、软件、传输方面，具体包括叉车、垃圾车称重、挂车称重（高、中、低三个方案）。软件平台及仪表开发，按立项计划执行。

在不停车检测系统上，利用好公路部门、经销商、高速公路、衡器客户、展会、出口六大渠道。

三是加强客户关系深融增长基础。

柯力公司计划于 2020 年 5 月召开工业物联网研讨会暨物联网大厦落成典礼，开设供应商及客户子女培训班。对毛利前五名的客户必须安排巡回服务，形式为来访或走访。巡回服务队由副总以上的管理人员带队，演讲内容以工业物联网为主，切中客户需求及痛点。对前五名客户实行备货计划。

必须加大物联网子公司引导力量，广东子公司以不停车检测系统为主；四川子公司以物流行业、高端产品为主；陕西子公司以差异化和灌装、桶装为主；郑州子公司则以无人值守和一卡通为主。同时，研究老客户的市场份额，提出增长计划及争取公司资源支持，重点研究老客户价格及新产品需求解决方案。研究如何以老产品开拓新客户，提升新客户需要并于日报、周报、月报中反馈。

重点研究新客户需求、新产品的销售增长情况，国内销售部每月 1 日上报新客户情况及销售情况，国际销售部在每月毛利率分析报表中写明新客户情况。技术管理部重点分析新产品毛利率的变化，由业务员在月报中分析销售不理想的新产品，重点分析销售带动研发情况。提升研发人员数量和质量，从而完成销售目标，实现研发资源合理配置。建立储备人员的培训、技术、平台体系，建立从上一年度起结项的新产品的销售分析体系，反思销售与研发协同，在新产品投入市场时，由项目组人员拜访市场客户。

四是加快培养团队深入增长思维。

业务员首先要充当研发者角色，了解应用场景及客户需求；进行性价比和成本质量性能确认；了解开发周期要求和中试协助，进行定制与保护；推广市场策划和案例总结，探索商业模式、创新模式和产品生命周期。

其次要打造业务员特质，自信、向上、全力以赴、注重目标、高效率。

再次要精准确定开发客户，对于了解老客户、市场份额、未来趋势、竞争对手、不满意之处、竞争壁垒等，必须建立情报体系；要了解新客户，则必须首先打开市场之门，放慢节奏与客户沟通，不要急于成交，比成交更重要的是精准判定客户需求，如差异化、定制化、信息化、自动化、智能化、物联网、交货期、质量、新产品、竞争对手、服务、价格等，尤其要注意以己之长满足用户之需。在拜访前要准备公司视频、产品、案例、合同，在拜访中要多听，听出需求来，不预先设定立场；要多思，思考客户战略、冲突点、价格等问题；要多问，反问、聚焦问题、提供资源、一针见血；要多虑，不要一锤定音，要反复多次思考是否满足客户需求，准备应对变化，做两手准备，跟踪落实，周期性跟进，从样品到小批量到批量，用心、全心对待。

最后是业务团队素质提升，要安排区域经理轮值制，进行储备区域经理人才梯队摸底；新建市场部，负责展会、策划、调研、新产品开发市场、订单售前、案例资料；进行业务人员储备：结合业务员职业生涯规划，启动业务员培训班，引入 3—4 名新大学生储备于生产制造或品管部门，半年后进入业务部门；储备大数据公司和物联网事业部人员，特别是愿意驻外的人员；要提升业务经理领导力；强化业务经理市场分析能力，同时调整业务政策：设立业务员年度成本、创新基金；新客户开拓费用可以超额报销，不受总金额限制；对年终超额奖励，上不封顶，取消国内衡器与非衡业务划分，实行完成销售毛利增长下的期权奖励和股份分红政策。

在所有销售增长的实务操作中，我们要深深明白，市场在变，竞争在变，唯一不变的是成就客户的企业文化。我们深深相信，春华秋实，唯有经过市场的洗礼，才能收获丰硕的果实。我们要坚信品牌和团队的力量，坚定向前，执行柯力公司新一年的增长规划。

·疫情下销售增长对策

新冠疫情从暴发至今，已成为整个世界面临的共同问题。在全球疫情暴发的背景下，企业销售面临着重大挑战，但重大危机中必然蕴藏着重大机会，要重构新的产业链、行业链、客户链、管理链等各大体系，重塑新的市场竞争力和战略增长极，在战胜疫情的同时，实现企业自身的变革，为战略上台阶和发展上层次奠定基础，从而翻开新的增长篇章。要达到这一愿景，需要从以下几个方面着手：

一是变革创新，重构国内业务市场链。

要建立新的市场部，专门分析疫情下客户需求点的变化，一一罗列2019年以来未成交的客户，业务员和区域经理通过现场走访形式上传微信图片进行分析。分析老客户第一季度同比销售下降超过百分之十的原因，除了疫情原因，要重点分析市场份额的变化。业务员要将原来市场占有率不是首位的客户一一呈现，抓住主要的原因，施以不同的对策，根据价格、定制、服务、新品、质量提升、全面客户关系等，逐渐使部分客户恢复到占有率首位的供应商地位。

新的市场部还将肩负起制定部分兼具前瞻性、基础性、平台性和自主创新性、竞争性、行业衍生性等六性产品的详尽市场调研方案，以适应市场竞争，从而提供中长期新产品。

业务团队要有抢库、占库意识，确保重点客户，尤其是前五名客户的仓库必须以本公司产品为主。尽快签订年度的各类协议，迅速采取差异化产品策略，尽可能满足市场的需求。同时，要控制好信用额度，将应收款风险控制到最低。

在新产品上，要注意及时推介，在新客户的开拓上，要重点关注非衡市场中自动化、信息化、智能化需求，并和市场部门一道将柯力公司2019年以来销售的所有产品进行行业分类和细化，得出行业的需求变化曲线，总结公司新产品投入后的增长思路，根据不同行业中产品开发、价格、分销、促销和客户关系的不同，采用不同的营销思路。在每月底下达新营销思路，重点关注疫情下医疗、农业、物流等行业的增长方向。

在传统衡器市场中，按照原来的客户需求征询表中差异化、高端化、自动化（无人值守一卡通）、信息化（软硬结合、大数据）、智能化（自故障、在线检测AI、图像合成等）的要求，不断将客户的想法引入产品、研发体系中，并将柯力公司元素根植于客户需求中，越早越快越好。

二是变革创新，重构国际市场供给链。

国贸团队首先要跟单、跟人、跟款、跟货。越是疫情时期，越要加强与客户的沟通，锲而不舍地紧盯客户需求，将平时无论在价格还是交货期上有困难的订单应收尽收。加强对客户的情感关怀，利用总经理慰问邮件和赠送口罩等实际行动帮助客户。在应收款方面，对长期合作且信誉良好的客户，可以给予适当账期延长，以表明在特殊时期对客户的特殊支持。在货物方面，应跟踪货物出港、到港、提货的全过程，确保货物及时发出，不滞

疫情期间展会上客户交流

留于港口，顺利交付到客户手中。对客户的急件，柯力公司可以承担一部分空运费用，以帮助客户第一时间支付。所有的支持操作，要按照国际贸易制度规定的流程，进行专业的书面报告，柯力公司会全力支持国贸业务团队，成就客户文化。

其次是给资源、给政策、给激励、给支持。要确保交期，甚至可以优先安排国贸部在疫情时期的订单。业务员也要准确预测交货期变化，在尽可能不浪费公司资源的前提下，预测出准确交货期，并且提供各类国贸业务所需的视频、图片、样本等基础资料和认证资源。要在月报中体现重点客户的备库计划，为客户交货期缩短提前准备，体现柯力制造在疫情时期强大的制造交付能力和管理模式。出台疫情时期对新客户及一年以上未成交客户的激励政策，新增提成点增长百分之二。对竞争激烈的市场和占有率较低的客户，推行更大力度的量积返利、赠送配件、折扣销售政策，来支持国贸业务团队在疫情时期完成更多订单。

最后是拓客户、拓产品、拓行业、拓范围，尽快形成疫后国际市场走访计划。疫情一旦结束，马上启动国际市场的巡回服务计划，争取柯力公司中高层业务团队在疫后年内走遍全球主要客户，尤其是每个业务员的前五名客户。对2019年以来未成交、成交少、占有率低、成交负增长的客户进行市场分析，并就市场竞争情况做出策略调整。要抓住疫情后自动化、信息化、智能化产品的新需求，快速将新产品的市场信息反馈给研发部门，运用IPD的产品集成开发体系，快速迭代，开发国际市场所需的新产品，并加快国际市场认证步伐。要将物联网无人化、非接触式的优点进行推广，并告知给客户，重点寻找非衡行业更多的新产品开拓可能。要采取免费赠送新样品或者后续折扣赠送的方式，让客户试用新产品。要考虑扩大国贸部进出口经营范围，特别是把疫情时期下的医疗器械、口罩、额温枪及不停车检测、智能物流设备及称重物联网等国内已有的应用产品，推广到国际市场中，筹划新的国贸三部和国贸市场部，变革创新国贸组织体系，壮大国贸

“后疫情下”宁波中小企业的新机遇与挑战研讨会

的产品线，提高销售额。

三是变革创新，事业部重构业务链。

紧抓国家新基建政策和国际5万亿美元投资刺激的政策机遇，发展不停车检测业务，在注意回款风险的前提下，一方面将资源重新配置、并购，组建省外业务和项目组团队，建立与国内销售部资源相互支持的一部省外团队，另一方面要尽快开拓宁波以外的省内市场。同时，分析窄板应用、窄条数字化、动态仪表项目战略化、大数据和自故障，提升标定效率，实施项目施工标准化，控制采购成本及优化招投标流程优化，争取每月至少能够完成一到两个项目，保证人力资源的稳定性和招聘及时性，在业务前期多收集信息并转化为中标订单。

干粉砂浆料罐和其他业务方面，要争取一到两个新建项目部，开展信息化平台试点订单，争取料罐及搅拌系统直接销售，新建重庆子公司，在风控的前提下尝试融资租赁业产线模式，探索事业部下华东、本部、北京、武汉、重庆等区域经理下的项目部组织框架，建立新的人才梯队，建立新的量本利分析和税前利润包干模式，建立与大客户联合成立第三方服务或生产服务外包模式或实施生产线租赁管理。争取在疫后两三年内成为租赁服务收入上亿的更大规模的事业部。

在化工、畜牧业等行业，加强料罐储料系统的物联网改造和大量模块应用，在冶金行业拓展数字化、自动化、信息化、智能化改造，在垃圾分类和厨余、环工设备上必须有强大复制力量执行改造。要组建新的业务部、新的研发团队，进行新行业、老客户、新产品的迭代改造，并形成以行业为核心或者以产品线为单元的新的物联网事业部。

在智能物流设备上，尽快形成样机及小批量生产试制，并寻求多个物流公司应用场景，争取与不同的物流公司形成定制化、个性化的自动取发件产品，顺应疫情后自动支付、自动物流、自动识别等新的非接触式或无人式智能物流设备的发展。

在称重物联网行业开拓中，通过产品研发、委托生产、股权投资，争取在电力物联网、环保设备物联网、车载物联网、割胶数据物联网等行业生根发芽，实现行业物联网销售收入向传感器仪表销售收入逐步接近并最终超过传仪销售，从而完成公司销售收入的增长蜕变。

四是变革创新，运营部重构支持链。

在生产制造体系中，结合精益生产，把生产布局从功能型转向流水线，把班组组长变为产品线线长，以产品不停转运作为标准，重新设计工艺路线和计算最快工艺的时间，重新打造自动输送设备，缩短搬运时间，重新设定上下班作息轮班体系。以减少物料库存和提升交货期为标准，重新考虑工装夹具和设备自动化改造，以提升工效及减少周转时间。从工序细分、物料准时、设备自动化、工装配置、货架货车改善、工作站和物料超市建立、设备工作室成立、人员培训来推进精益生产，既解决成本问题，提升市场生产力，又解决交期问题，加快交货速度。在当前疫情时期非常态的激烈竞争中，发挥制造体系对市场的支持作用。

在调度体系中，杜绝非标超订单贴片，并建立追溯呆滞品责任体系，建立常规合作存量及业务员沟通体系，对周期性出货的客户建立月度出货的规律性分布表，寻求下个月计划安排，建立预防业务断货调度体系，反推业务增长。

在物流体系中，对江浙、闽粤、鲁豫等地的货物采取专门周转箱送货上门，直接缩短交货期，降低物流成本。

在 IPD 体系中，研发人员要密切关注疫情时期业务部门的需求信息和对疫情后非接触式或者无人化、智能化产品的自主创新构想。产品经理需加快收集疫情时期产品的新需求，尤其是加快将与客户互动产生的研发新构想付诸实践。

疫情带来的挑战对每个企业都是一样的，只有不断变革创新，才能转危为机，只有不断夯实基础才能立于潮头。在疫情之下，我们必须经受住考验，不断蜕变，拥抱变革，迎来新的自我，相信疫情后企业的发展会更具活力和生命力。

走向销售顶端

销售是一种伟大的职业，也是一份充满挑战的工作。在物联网战略转型中，销售人员的作用是巨大的，柯力公司的发展最终需要销售人员不断突破业绩，走向销售顶端。如何培育销售人员，促进销售人员队伍的成长呢？需要从以下几个方面进行努力：

一是加深销售人员的认识，识别并培育销售人员的特质。

要成为优秀的销售人员，心态是关键。

首先要自信，对柯力公司的品牌、质量、性价比、服务要有足够的信心，没有哪个客户会把时间浪费在一个缺乏自信、充满负面情绪的销售员身上，更不会有客户愿意相信一个毫无自信的业务员所代表的公司的产品品质。

其次是主动积极，销售人员要积极乐观，更主动地接近客户、取得客户信任，从销售的本质上讲，它其实是一种信心的传递和信息的转移。当暂时遭遇失败时，积极主动的销售人员会心怀希望、客观冷静地分析得失，重整旗鼓，并东山再起，最终走向成功；而消极的业务员沉溺于挫败无法自

柯力公司国内业务员培训

拔，离成功越来越远。

再次是要有全力以赴、不遗余力的工作习惯，这是突破困难、攀登高峰的关键。人的精力是有限的，要想在工作中有所收获，只有毕其功于销售，竭尽全力，而且要不断反思可改进之处，而非只是“我努力过了，我不后悔”的自我安慰。

最后是要用努力感动自己，为未来而拼搏。不要把业务作为谋生手段，不要抱怨客户不下单，更不要抱怨上司、老板严格，应该给自身确定一个清晰的定位。销售员虽然工作辛苦，可能前期薪水也不高，而且必然会经历挫折，但是销售可以使人迅速成长，这样才能有机会享受订单带来的快乐、业绩带来的幸福。为现在和未来努力、拼搏，是销售的核心态度。

二是确立销售目标，提高销售效率。

优秀的销售人员要不断给自己压力，唯有加压，才能使心态发生变化，使销售方式发生变化。同时，要细分销售目标到每个月、每一天，完成年度目标除以 365 天后的每天几万元的小目标，然后坚持不懈，以昂扬的状态去迎接每一天。每天要落实常规客户下单，盯牢下单全程变化和出货频率是否正常；要落实可能下单的散户，落实非标客户合同签订情况并及时跟踪下单过程，落实新客户开发及培育计划，将每一个环节与每月周期性下单规则相对应。

同时，要对柯力公司新产品进行充分了解，并将其推介给新老客户，提升市场份额。对可能出现的老客户销量下滑的情况，一定要有业绩补充计划，要提前做好终端、经销、散户的开拓计划，以避免老客户尤其是销售额排名前五的客户销量一旦下滑，无以为继的困境。

在市场开拓效率上，为了精准开发客户而开发客户，为了达成目标而拜访客户，为了带动客户创造价值而签单。这一工作的重点体现在客户数量、意向客户数量、精准客户判断、客户签单效率这几项上。

三是精准开发客户，高效服务客户。

建立老客户的情报系统，是提升销售的核心，完善新客户拜访前的资料准备，会取得事半功倍的效果。要明白老客户对公司产品的需求是否有变化，是否有不满意之处，新客户对市场上的产品有哪些不满，是否有潜在需求。这些没有满足的要求，是打开新老客户大门的钥匙。

在开发客户时，必须搞明白客户需求的有无、真假，若真没有，则果断放弃，因为时间宝贵，精力有限，马上转入下一个客户；若有，则必须找到突破口，换位思考，从采用更合适的方法为客户创造价值入手，赢得市场。同时，必须弄清楚谁是客户的决策人，通过名片、采购员介绍、资料了解、研发或制造部门内部人员调研，一定要从中找到采购拍板者，这才是销售签单的关键。

必须善于从同行处争取客户，要搜集对手信息、掌握对手弱点、识别同行与客户关系，要以公司之长补客户之短，或者引领公司通过提升开发、质量、服务、交货等抢占市场份额。

必须重视客户转介绍，一般客户对其同行都有所了解，其介绍的客户都为精准客户。要适当准备小礼品，准备好不让被介绍人失望的销售卖点及价值点，并且注意成功后的回访及感谢。

在开发所有客户前，必须有精心准备的资料，包括不限于公司的书面或视频介绍、产品、案例、合同范本等。同时，根据不同客户的需求要有不同的侧重点，用一两句话概括公司和产品，寻求客户需求点、痛点，介绍合作流程、质量保证、交货期售后服务，提出公司产品的价值主张、解决客户需求方案和产品特征。重点要介绍满足客户要求的核心竞争力，切勿文字太多，确保逻辑清晰，设计有创意，多用图表介绍问题，争取用最短时间让客户听明白，并产生购买欲望，留下美好印象，为签单奠定基础。

四是加快客户跟进，实现销售达成。

要在拜访客户前有所准备，准确了解客户可能的需求，在介绍完公司产品后，要现场发现客户的顾虑，发现客户可能反馈的意见，发现客户对公司价值的认知，这一切取决于销售人员的观察能力和应变能力，取决于与客户的良好沟通。要知道，所有未达成的销售背后，隐藏的一定是信任问题，包括战略上是否冲突，是否协同客户发展等。在战术上，则要注意客户定位、质量价位、价格匹配问题、竞争对手态度问题以及服务是否到位等。因此，在销售订单的达成上，在介绍完自己公司的产品后，必须聆听客户需求，全神贯注做好记录。事后要根据聆听及总结的情况，把事前准备的方案资料凝聚成客户真正要解决的核心问题，如对产品差异化、高端化、定制化要求，对价格敏感和要求范围，对客户产品转型方向和公司匹配资源程度，对付款要求、信用额度、资信判断，对客户组织框架和人力变化方向，对竞争对手分布和份额，对客户子女培养和客户急需改善的管理等。要根据不同的声音，作出进一步判断，以询问形式确认，聚焦真正痛点，总结实现条件，准备好答案。

如果无法达成销售订单，则必须把客户人脉关系、信息渠道打通，回来后与销售经理、分管经理商量遇到的问题，发动团队力量，分析下步的应对策略。再次登门拜访时，根据提前预备的多种方案，努力拿下订单，并且注意订单预签时客户的肢体语言、关注点，如付款要求等。同时，抓住有利时机，提出试样计划，确定发货时机，关注下单细节，跟踪出货要求，并争取亲自送货上门，了解客户变化。步步谨慎且小心地追踪试样结果和小批量订单，时时挖掘客户需求并竭尽所能满足客户新需求，真正地为客户、公司和个人的共赢创造条件，体现销售真谛。

呆滞存货管理

在企业管理中，呆滞存货管理是最基础的管理之一。我们必须明白一点，那就是不管物联网包含的智能制造和产品智能化如何发展，基础管理中的品质控制、工艺创新、材料分析，有限元分析以及企业管理中的应收账款、呆滞存货、废品管理等，依然是企业发展最核心的内容，也是管理的基石，切不可松懈，必须持之以恒地予以关注并未雨绸缪。要想达到这一要求，必须关注以下几个方面：

一是明确呆滞存货处理原则。

首先，呆滞存货管理要立足于预防再预防的源头控制，在弹性体、传感器、原辅材料采购中，必须贯彻常规产品（材料）、非标转换为常规动态机制、订单三大系列标准，对常规产品（物料），特别是每月有进出且数量较大的品种，设立以采购周期乘以日用量为标准的物料合理存量，或以制造周期乘以日出量为标准的产品合理存量，再加上产品（物料）进出变化量的上浮系数，进行调节库存的合理存量。对非标常规产品，要以季度出货为频率，保持最近四个季度连续出货，且有一定的基础量，以采购周期或者生产制造周期乘以日出存量再乘以上浮系数进行设置。一般以考虑物料和弹性体库存为主，而对产成品库存以不考虑上浮系数为佳。订单生产必须统一汇入MES订单系统中，不得在物料半成品、成品中超越订单数量，杜绝从客户端、业务端、支持端、调度端、生产端、采购端、供应商端等每个端面连续不断地形成长尾闲置物料，要明白所有长尾物料必然对订单毛利产生重大冲击，会在后面两到三年内的损益表中反映出来，还需计提坏账冲减利润，这是呆滞存货管理中必须关注的问题。

其次，处理存货必须遵循以下办法（按照从最理想到最不理想的顺序排序）：业务人员与客户沟通后直接销售；以备库名义，或说服客户以折扣方式出货；在量积返利中或者促销政策中，以赠送方式出货；稍作改动，以常规产品出货；降级或稍作改动后，以折扣价出货；变更附件后成套出货；研发人员在后续研发中以现有产品，尤其是呆滞品，引导客户进入新订单系统出货；实验检测分析或中试使用（含物联网产品生命周期研究）；调度人员运用拆解、拆分、回收有用物料，如导线、防水接头、弹性体等；暂放客户维修订单或最后变卖废品等多种产成品处理办法。对原材料呆滞品的处理办法有：应付款的供应商退货或折扣退货，直接替代物料，供车间员工实习使用；退供应商改制后使用；向供应商换货后使用；引导客户非标使用；暂放或报废处理。

再次，在处理呆滞物料时，必须遵循部门协同、系统作战的思路，针对前期产生的问题，不抱怨、不推诿、强预防、强协同，环环相扣、循序渐进，一个一个客户沟通跟踪，一个一个部门相互配合，一个一个呆滞品依次消灭。对遗留产品每个季度跟踪一次，锲而不舍地减少呆滞品的品种和数量，争取在三年内基本处理完呆滞物料。

最后，一定要强化源头控制，前防后理是最重要的原则。要强化每日贴片计划检查和弹性体生产计划的执行常规、非标常规、订单检查标准，要建立呆滞品处理原则，要明确后续出现呆滞品的追责制度。防患于未然，建设信息化流程，尽可能更快地优先解决呆滞品问题，让整个生产系统和仓储、财务系统的物流循环干净又迅速。

二是扎实推进呆滞品管理处置步伐。

在业务端，要求国内业务员对所有客户（除了已经转行或倒闭的）实地上门沟通，并留下图片等存档。同时，一一确认客户对其他产品的需求，明确客户对呆滞品的诉求，包含数量、后期使用可能性、价格要求、改型要求等。

国贸业务员则通过邮件与客户一一确认呆滞品的销售可能及要求，尽可能把产品与用户的维修、使用需求结合起来，同时寻求这部分客户对其他产品的需求。

在业务端总结处理的前提下，研发端上的开发人员应启动针对呆滞品的图纸研究，寻求相似及相近的产品；寻求在附件变更后不影响整套产品销售的前提下进行呆滞品处理；寻求在后期的新产品开发中，努力推荐原来的产品，尤其是呆滞品。把所有存量呆滞品按开发类别，分布放置在研发人员电脑桌面，纳入技术管理部、调度人员开发或者作业跟踪单范围。呆滞品的所有研发人员，应在仓管部门协同下去仓储现场一一确认，以确保后期正确出货。

在业务支持端，内勤要跟踪好业务员赴客户现场的书面报告，并针对数量较大的呆滞品再次搜索使用过的客户，或者根据研发人员提供的相似或相近产品的客户，将这些信息提供给业务人员，进行替代性、折扣性销售，并密切跟踪配合好；及时对物流中心出现的三个月以上的未发货产品进行梳理，或引导业务销售，或转发其他物流中心，或返回公司识别；谨慎处理在后续订单中的撤单或退货维修品，尤其是非标产品；内勤团队在与业务员的沟通中必须保持处理底线，要求业务团队与客户就非标产品的处理原则沟通到位，以防止再次产生呆滞品。

在仓储管理中，要对仓储呆滞品做好标记，尤其是要将三年以上（含三年）的呆滞品归于一处，对领用的发货产品按照研发及调度人员的呆滞品出货可行对比表进行对比，时刻保持警惕，在遵守先进先出原则的基础上，让呆滞品出货成为仓储人员的优先处理工作。

三是创新呆滞品物料管理方法。

在巡回服务中，针对呆滞品所在区域的客户进行上门走访，由研发及业务人员共同与客户商讨解决策略。

在供应链管理中，对于非标性物料，一定要告知供应商不可以留有余量，并在订单上备注“不可余量”，以维护供应商利益。对已送达寄售仓库的非标物料，原则上可以替代或直接使用的，尽量安排，如无法使用，一定要及时告知供应商，促使其主动改制，或由其他客户处置；对供应商处一年或两年以上的呆滞品，可以安排对口公司采购员实施协商消化吸收的折扣处理方案，以呈现供应链战略优势，尽量将双方的损失减少到最低。

在财务审计上，一方面，利用现场检查，每周抽查几个呆滞品处理情况，并跟踪落实；另一方面，对柯力公司各个子公司、事业部呆滞品管理提供处理思路，并纳入半年度及年度的利润考核指标中，鼓励子公司或事业部将呆滞品、呆滞应收款的减少部分作为利润增长部分。

在技术管理端上，立项时，采购部门及技术管理部门要对生僻或进口物料提出替代计划，以避免后续产生新的呆滞物料可能。新增物料时，由采购及技管部门核查现有物料是否可替代，并立项评审，给出专项报告。建立公司产品退市制度，每半年一次，由各部门协同作战，对退市产品进行列表统计，检查所有从原材料到产成品存货的库存情况后，制订退市计划。

在业务端上，重点预防客户的非标订单定金体系，必须有百分之三十以上的预付款才能开始制作，如需撤单，必须第一时间告知，同步启动业务调度中的紧急撤单处置流程，以避免新的呆滞品，实现呆滞成本最小化。

呆滞品管理是项系统工程，也是反映柯力公司新的管理水准的一项工作，我们必须要坚持预防为主的原则。同时，创新处理已形成的呆滞品，把处理结果与上市公司的利润管理结合起来，真正体现一家上市公司的管理水准及对股东负责的精神，最终形成干净、有效、高效、盈利的管理体系。

应收账款管理

应收账款管理是公司销售管理的核心内容，也是上市公司利润管理的核心指标，不但决定了公司的资产质量和运营的现金流量，还是企业运营中的生死线。因此，重视应收款管理，才能使企业运营质量得以保证，特别要注意以下几个方面：

一是要将应收款管理的基础夯实。

在元器件销售中，对应收款执行归零或款到发货计划，这里一般指首批产品合同的新客户，销售额小于一定金额的小、散户以及特殊情况下原信用情况不佳的客户和已经执行款到发货的客户。对年销售额较大的老客户，一般执行信用额度管理制度，信用额度按照该客户上一年度的月均销售额的 1.5 倍左右制定，特别地区、特别客户按季度系数进行调整，下半年度的信用额度也可以根据第二季度月均销售额的 1.5 倍执行。部分信用较好的客户，仍可根据月中最高额度确定，一般以月均销售额的 2—2.5 倍执行，但是要保证在月底回到设定的信用额度内。

对项目类产品的销售，必须设定“3331”回款计划，即一般的称重系统集成项目执行预付百分之三十，发货前支付百分之三十，货到调试验收后支付百分之三十五或百分之三十，一年内支付最后的百分之五到百分之十。利大的项目，可以放宽到“361”，即预付百分之三十，验收后再付百分之六十，质保一年内支付百分之十。这种付款方式同样适用于有一定销量基础的非衡元件老客户。

在应收款管理中，还要加强合同内容管理，需统一规范文本格式及内容，重点描述订金与定金的概念、质量和交货期违约责任、技术和性能指标规定等，合同应由公司法务部门和律师事务所共同审定。涉及 IPO 的，必须由具有证券从业资格的法律事务所再次审定。在合同中，对于应收款条款，除了新、小、微客户从约定款到发货外，其余客户按照信用额度管理或者项目回款管理规定执行。需要特别关注的是，在合同中约定年终根据 IPO 要求应收款归零，或者压缩到原来信用额度的一半左右。对于项目管理，也可以在合同条款中约定年终回款的要求。可以根据具体情况，将部分回笼时间设定在农历春节前，以适应部分客户的实际回笼现状，尤其是建筑机械或建材行业的客户。

二是要将应收款管理内涵穿透。

应收款管理的本质是客户管理，要建立新客户的信息档案，尤其是信用情况。要通过网上公开资料、征信系统、客户内部信息系统、客户负责人情况摸底、客户资金动态和其他供应商反馈信息等渠道确定新客户资信。同时，针对老客户建立每半年更新的动态资信档案，归纳分析老客户信用额度和项目合同执行情况，通过客户内部调研和对外公开信息，确认客户资信变化，尤其要关注客户经营、投资、内部管理、负责人变化等，判定应收账款的安全性，重点建立内部信息的畅通渠道和摸清企业负责人的思路变换，采取应收款风控预防措施。

在应收款管理中，需关注合同客户的付款政策，如月结、票到月结或两个月后结，合同约定的付款方式是否与公司的应收款政策对应等。每月二十五号前，应梳理所有客户的回款计划，包括按信用额度约定的月底回款、最后五六天销售回款、合同约定本月回款、新合同的预收款、新客户回款以及国际贸易中超期、到期应收款，或L/C付款及新合同预收款。按照实际情况逐一检查落实，包括对信用额度偏高的部分客户，尽管应收款在额度内，也可采用让利及维护客户关系等办法，根据当月回款指标，对其回款节奏进行适当的调整。对历史遗留的应收款、呆滞账问题，按协议甚至口头约定，依照付款发货或多付款少发货的原则进行催付。

所有的回款内容进入最后一周，依次执行回款计划，对财务提供的每日到款情况逐个核对，对后续至月底的回款计划再逐个跟踪确认，重点关注合同付款、超信用额度回款、呆滞账的回收情况，再结合业务政策中的奖罚条款，包括回笼指标完成率考核、回款达成约定情况、呆滞账处理进展、超期应收款提成点下浮、奖金提成与超期及呆滞账约定回款挂钩、奖金提成延期发放等处罚政策执行，以确保应收账款责权利的对等落实到位。

三是将应收款管理监管到位。

首先，要建立业务团队应收款管理流程和警示机制。在对账体系中，业务员应遵循IPO和审计财务制度，对重点客户进行每季度或每月对账，一般客户每半年对账，小散户有应收款的情况下每年对账，合同客户根据金额大小每半年或每年对账。每个业务员要将对账工作当作日常业务管理的重要组成部分和必备工作，同时，在业务员培训中，要强化应收账款制度宣贯、呆死账责任和对账单真实有效细节处理原则。对信用评级风险较高的客户，业务团队要及时上报销售经理、审计经理、总经理，并启动风险控制多级响应机制，包括催讨、易货、让利折扣、催款函、律师函、诉讼等。业务员要同时启动风险客户资信情况追查机制，每半个月或每个月进行汇

2020 年柯力公司业务员培训

报，尽可能跟踪落实，直至每一笔应收账款安全落地。

其次，是审计团队监管常态化。对账单的制作，必须依照法律规范，在回收对账单时，应跟催及确保数据真实、准确。对每一张对账单予以审查，会同业务经理共同把关，对异常对账单马上启动审计方案。每月根据销售区域应收款情况进行张网式审计，重点核查超信用额度、欠款过高、有呆死账历史、合同逾期回款、串户、首次设立合同或信用额度的客户等。在实际审计过程中，审计人员必须秉持公正、公平、严谨、严实的原则，审计经理对审计过程中的异常要果断向上级汇报，同时启动审计准则后预案。在实际销售尤其是合同项目销售的过程中，在部分回款没有把握的情况下，以牺牲部分利润的方法来换取应收款的风险控制。财务部门要做好每季度应收款的账龄分析，及时分析 ERP 账与实物账的差异及背后原因，要及时提醒超期一年以上的应收款和归纳一年内没有销售且有应收款的客户清单，交给业务经理和审计部确认处理。要将发票、实物、回笼三者统一，及时将所有发票寄到客户手中。审计部门需建立应收款日常审计准则，明确一年以上账龄、超信用额度应收款、合同逾期、半年内未成交客户清单，检查所有现金交易、异地发货、大型经销商低价销售、串户贸易等易漏、易腐、易坏的销售违规、违法风险，要学会从应收款管理中窥见客户管理的问题，提升与客户的关系，要从应收款管理中洞察不同行业客户的风险。现场审计中，重视业务团队开拓新行业和新客户建设，要建立新客户和大合同的客户事前信用调查制度，要总结应收款坏账规律和预防措施，并提出对业务的管理措施，包括业务员轮岗、换岗和区域经理责任制，对超额度出货和超账龄客户，必须由业务员书面申请、业务经理审核、总经理审批并有明确追责的可溯报告，对呆死账、长账龄、超额度客户按照《营销人员财务规定》在风险金、年终奖、日常奖金及股东分红中予以承担相应的责任。要针对现场审计摸索出真实、有效、准确的方法，提升现场审计的效率及效果。每季度要由律师讲解《民法典》及与业务相关的法律、法规，并不断警示所有业务人员。对应收款的管理还需注意催收函、法律函、起诉等不同应收款事后处理效果。

再次，在国际交易应收款管理中，要强化风险金管理和业务员对客户资信情况的掌握程度，实现账、货、单、款四者统一，关注国贸函证和超期应收款监管，建立可持续循环的国贸人员两年累计风险金体系和预防死呆账风险体系，坚持不懈地关注外贸转内销的风控环节漏洞。

最后，在销售支持团队管理中，一方面，业务团队内部要鼓励业务员提升销售业绩，在客户销售量变化时增减额度、跟催回笼、建立新客户档案。要建立异地发货和低价风险客户串货风险机制，积极配合业务员在实际信用可保证的基础上进行按流程申请的额度管理，及时提醒业务员对年终返利、临近信用额度客户的回款要求，价格幅度区域平衡等工作。另一方面，必须杜绝超越制度的随意出货、下单、收款、串户、串票等不合规行为，做好应收款管理看守人。

应收款管理是一项注重细节，需要细致、耐心对待的工作，公司的利润都建立在点点滴滴的日常管理中，只有用心走好每一步、处理好每一个环节，才能筑就发展的大厦，才能不断把物联网战略向前推进！

利润增长

利润增长是上市公司最重要的经营目标，也是所有员工努力奋斗的目标，更是为股民、社会创造价值的综合体现。柯力公司上市一年多以来，逐步从传统的制造思维中摆脱出来，逐渐适应物联网战略旗帜下的新增长策略和途径。作为一家上市公司，必须要学会按资本市场的要求，结合财务、经营、战略多个维度，进行利润增长的综合性思考，制订预案并付诸行动。

一是规划好利润增长的顶层设计。

战略的布局在触及市场的天花板时，必须要进行新的天际线布局，5+10 的传感器物联网，再融合 3+2 的产业园区产业链，是柯力未来三到五年向前迈进的最核心战略。其实施途径包括 OEM、合资的销售性或研发性公司、合资生产销售公司、参股外地兼有产业园区公司、财务性参股拟上市的公司、战略性参股并逐步放大股权进行 VC 公司投资、控股外地的 5+10 或者 3+2 产业链可行的公司、全资收购重组产业链上的公司等外延式投资。同时，要加快中高层参与改制子公司、参股事业部独立改制为子公司、内部员工创客化、内部员工跟投园区企业、独立在产业园区平台上创业等内涵式的投资节奏。

战略实施的思路必须关注人，关注利润来源及落地的可行性、关注利益分配机制、关注市场空间以及通过整合与协同现有资源，挖掘需求后，企求市场容量跃上新台阶，以获得更广阔的空间和更丰富的想象力。正是对市场需求的敏锐察觉，战略布局得以不断升华，销售量得以进一步提升，实现公司利润的增长。

在利润增长的实施内容上，既包括产品经营利润，也包括非经常性收益；既包括母公司自身收益，也包括子公司的收益；既包括存量性资产和损益的变化，也包括增量性资产产生的新损益。因此，利润增长的顶层设计，本质上是战略适应市场变化的结果，在以客户为中心、成就客户的企业文化下，打开市场天花板需要过程，当然，实施落地更需人才、机制、管理创新。

二是构筑利润增长的底线基础。

从客户层面上，必须按照“八二原则”，重点探寻百分之二十的重要创利客户的竞争因素和深层次隐性需求。通过走访、拜访和日常业务管理，进行高利润客户全方位服务体系建设；同时，开启中小客户培育名单和提升方法清单制；开启新客户开拓计划并做行业分析、市场分析报告。

从产品层面上，必须要制订微利产品的成本创新执行方法，坚持呆滞品处理跟踪机制，加速新产品迭代和重大新产品、新平台创新体系的建立，发现能够补（全产业）链、强（化产业）链的具有画龙点睛作用新产品、新平台的开发机会并全力以赴抓实施。做好销量提升快、毛利较高的产品市场开发和落地方案。抓好大量常规产品生产的自动化、信息化，以减少人工成本和实施供应链战略，降低产品材料成本，以维持该类产品利润。总体上，加强对原毛利率较高且有一定量的产品毛利突然加速下滑的应对措施并明确产品差异化思路，做到当产品价格下降时，可以通过供应商战略、财务杠杆、自动化、增加销售收入、开发新产品、开发新客户、拓展有价值客户需求、高端化定制化差异化、软硬件结合、从产品变方案、行业应用新场景、拓展国内外市场和行业、贴近市场建设新的生产分厂、高中低生产车间布局等办法来弥补,构筑利润增长的常规底线基础。

在高端生产线建设中,必须要对标全球一流的同行,实施环控、材料、工艺、人员、管理、装备一流化,并且严格执行品控标准,确保销售体系高端化,打造产品价格保护体系,确保高端品牌可靠、稳定、持续。选用的高端品牌工艺及材质,要求深化到中低端品牌的质量保证体系,不仅要解决高端品形成利润增长支撑点,而且要构造中低端产品的优秀性价比。

在产品投资体系中,一方面要梳理现有的产品技术层面的短板,通过人才引进和投资并购等方法来解决。另一方面要针对产品链上的市场竞争、储备技术或平台断链产品进行悉心梳理,将投资方向聚焦于上述产品链中,尤其是关键节点产品和技术,要及早准备,及时发现合作、合资机遇,全力以赴进行产品技术节点的突破,形成一条强大的产业链,并且和集团公司资源进行有效对接,以发挥更大的乘数倍增效应,实现资源的有效整合,从而为利润增长的底层加厚、加宽奠定坚实的壁垒,提升市场竞争力。

三是把握好利润增长的深层节奏。

利润增长必须兼顾眼前和长远,并不是增长得越快越好;必须要深淘滩、浅作堰,全力满足客户一切合理要求,甚至可以为了取得竞争优势,牺牲部分利益,倒逼公司成长。在任何时刻都要做好应对竞争的充分思想准备。

必须加大研发投入,实行 IPD 工程强有力的推进,做到规划一代、调研一代、立项一代、试制一代、改善一代、结项一代、推广一代,提高产品研发的有效性,加大投入力度,筹划产出最大化。

必须要理顺子公司股权结构，建立人才引、育、留、淘机制，让人力投资成为最大的投入，协调好股权稀释和利润总体增长之间的关系。在利润分配上，在有利于做大的基础上，选择利润可持续增长的方案。

必须要运用投资之手，将其作为上市后公司利润增长的重要来源。在战略旗帜下，着眼于整个行业资源和产园区的供给；着眼于未来行业发展趋势和国内外先进同行的做法，把每一个合作伙伴视为再投资对象；在细分行业中，在不影响重大客户利益的前提下，把每一个客户视为潜在投资对象；把公司内外的优秀人才视为投资对象，按照投资对象内心的真实需求，勾勒出可合作途径和可利用资源；在投资五大原则的基础上，加强风控和IPO后审计要求，精心筹划、精准协同、转思维、和而不同；在成就客户和服务员工的文化价值观一致的前提下，逐步走向集团化，走向利润增长良性循环。

同时，保持战略定力和子公司定位。不忘初心、不辱使命，明确各个子

展会上与乌克兰客户交流

公司及新投资项目的战略，明确利润增长在不同层次、不同阶段的担当，布局好不同年份、不同时期投资项目利润增长的节奏，尤其是多点出击和不同点的风险。预测不同项目、不同子公司利润增长的潜在速度，甚至在负速度下总体利润增长的格局。在丰年时，加大人才、技术、信息、项目投资力度，以维持三年快增计划和弥补宏观环境不佳、投资失败、竞争加剧、人事动荡、项目陷阱等多种不利因素下的损失，从而带动并把握好利润增长的深层节奏。

四是预造好利润增长的多层体系。

利润增长有管理体系，即按照实际的销售增长及费用实时发生，做出各类的损益合并计算。税务体系，即按照国家税法和会计准则进行收入确认和成本结转，并结合准则归集费用而得到的利润；更有在上市公司严格内外审计的前提下，考虑坏账计提，准备存货跌价，预测商誉、无形资产摊销、投资收益不同计账办法前提下的上市公告利润。

不同层次的利润体系告诉我们，首先一定要重视经营利润及增长率，这是真正反映上市公司业绩的数据，其要素包括销售收入增长率；产品结构变化和价格变动下毛利率波动分析；三大费用同比、环比变化，尤其是研发费用的增长情况。

其次是重视投资收益，可作为 VC 投资于物联网产业的优秀苗子企业，包括技术类或平台类企业；可作为 PE 投资于资本市场各个板块的拟 IPO 企业；可作为战略投资于 5+10 和 3+2 的产业链各类平台或者技术性企业；可作为同行投资于集团公司各类短板，或者能够发生化学反应的项目。其中，投资对象的文化价值观必须与我们一致，即对市场意识到位、以客户为核心、艰苦奋斗的工作精神一致认同；团队和组织关键特质上必须要有同理心、感同身受、敏捷迭代；发现、定义问题，并能够跨界协同、充满想象力和激情、主动寻求投资，收获创新思维和行动力。

再次是重视非主营业务收入和非经营收益，包括废品价格与材料价格波动的正向性、竞标性和数量上的准确性、与产量对比及误差分析；房租上做好价格递增和面积新增计算，判断返回奖励是否合乎协议，闲置场地租赁是否及时、粗精装修下时间和价格变化；政府补贴上，考虑信息来源充沛性和集团公司资源利用的充分性，投融资新的子公司或产品线、产业园区经营与新的政府政策出台衔接及时性；理财收益上，评估风控前提下信托、基金、二级市场投资结构性存款收益，并使收益最大化；汇率上，预测远期收益，规范流贷操作；税收政策上，充分利用所得税加计扣除、坏账准备金政策、软件退税等；补贴政策上，加强与公司年度规划互动和对增长回报节奏的掌控；投资协议中，设计产值、税收、项目等各项指标，实现收入最大化等。

最后是重视影响利润的隐性指标，如教育、工会、安全经费的合理开支，投资风险下商誉预防及无形资产摊销对利润的影响，应收账款按照不同年限的计提坏账损失，存货按照不同年限计提跌价准备，其他应收应付账款的及时清理以及关联交易合法合规性、承兑汇票票据风险管理等。

总之，清晰的财务理念和严谨的会计管理，既有助于实现利润合规增长，也使企业各项管理体现了股东及员工真正的拼搏结果，最终表现为财务上的收益。

销售增长

销售增长是利润增长的基础，也是市值管理的前奏。确保销售增长，是企业经营的核心任务之一。在物联网战略和IPO后发展的要求下，必须要加大促进销售增长的力度，加强销售增长的管理创新。在这个要求下，需要做到以下几个方面：

一是从竞争力角度确保销售基本面的增长。

面对竞争压力，必须做好价格调整的准备。一方面，用好材料成本10+10的控制方法，把成本节约作为价格竞争的托底，降价不降质；节约设备自动化、精益生产、工艺搬运自动化、资源利用等费用，以此为薪酬增长、社保公积金费用上升、研发投入、设备折旧等费用做反向对冲来确保费用销售收入率不上升；同时把房租、物业、增值服务等收入和废品收入、资金收益、政府补贴、税务筹划性收益作为对经营利润的补充，减小经营压力。

面对客户的需求变化，必须从客户角度考虑，销售增长和业务订单最终必须回归于客户的价值系统，包括为客户企业转型升级服务等，这就要求业务团队要深刻领悟不同客户不同层次的不同需求。

从产品看，是差异化、定制化、个性化；从客户产品线看，是行业专用设备、外贸出口线、物联网设备、系统集成、细分市场中的自动化+信息化+智能化产品等；从行业开拓看，包括国内市场的畜牧业养殖、物流、化工、源头冶超、环卫、环保、港机、工程机械等以及国际市场中的医疗、农用机械、公路称重、畜牧业养殖、物流等；从非标应用场景看，是防爆、防腐、防水、防作弊、防雷和高温、高精度、高稳定性的高端产品；从客户发展看，是除提供性价比最高的产品外，还需要发展品牌，自身具有生产许可证，可协助认证和检测，为客户提供周到的子女培养方案，提供转型时期股改和治理结构变革方案协助，当客户需要产品解决方案时，提供各项资源等。

二是从新技术角度确保新产品销售增长。

以客户要求倒逼产品升级换代，是实现销售增长的必由之路。

从传感器来看，既要有向国际一流同行取长补短的高端产品，形成具有自身特色的品牌创新之路，又要有能够满足不断涌现的行业需求的产品，包括柔性穿戴、工业机器人、风力发电、盾构机、无人零售机、海洋石油平台、塔机等的不同测试要求以及3C、汽车、环保领域微型传感器和无线、多分力、多物理量、智能化传感器等。

从仪表来看，包括兼有Linux平台的多功能仪表、云仪表、工控物联网仪表、手势仪表、人机对话等。

从称重系统看，包括自动化灌装、包装、配料、称重、分选、定量给料等设备。

从无人值守和一卡通系统看，包括多台散料装车、车牌和人脸自动识别、新型一体机、物联网功能的垃圾分类、水泥磅沥青防护等新型设备。

从产品平台来看，有一卡通云平台、信息化平台、站点信息库平台、环保监控物联网平台、免标定平台、车辆定位系统平台等。

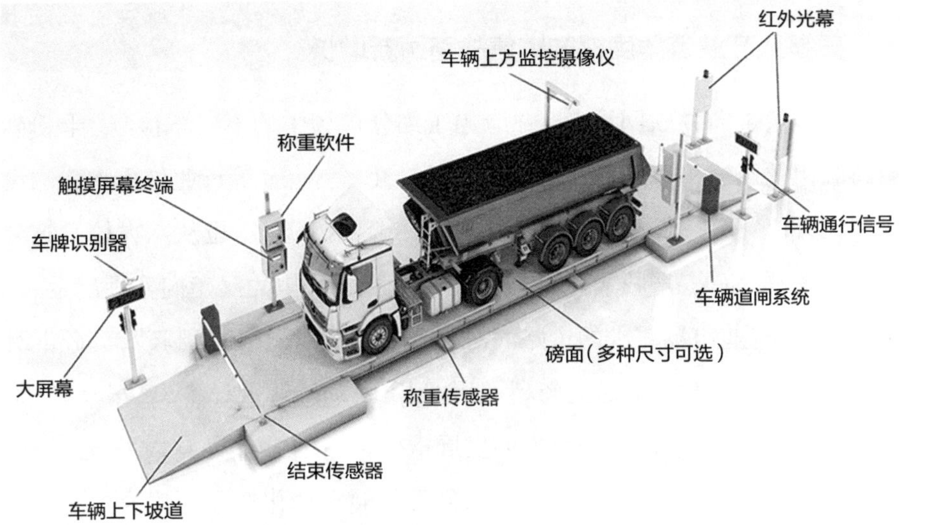

无人值守系统

从人工智能技术来看，有人脸识别、图像合成、人机对话、动态算法、机器学习等。

从行业应用看，包括倾角、压实、检漏、无线等新技术应用衡器智能化，畜牧业料塔物联网监测系统、动物耳标成长跟踪信息系统、起重机械监测物联网、双轴一体化动态称重系统、体积测量、车载和叉车改造、AGV 搬运等物流设备。

这些新开发的产品不断投放市场，将有力促进销售增长，并且为扩大业务奠定基础。

市场还对老产品在外观、附件、包装上提出了更多差异化的要求。如产品性能上的批量灵敏度、温补合格率、弹模可靠性、铝合金产品角差精度、深孔或通孔贴片技术要求，深水产品的焊接工艺、变送器防护等级等更高要求。

正是因为销售的牵引，才能有效改进企业的产品，提高销售订单的稳定性，从而实现销售的良性循环。

三是从产业链角度提升销售战略面新增长。

从传仪走向物联网设备，并应用于细分市场中的不停车检测、干粉砂浆料罐租赁及建机、环保、物流、畜牧业、化工、冶金等行业称重物联网设备和无人值守、一卡通物料物联网。对一卡通物联网，也从六大核心细分市场处理，如海关、畜牧业、骨料、水泥、环卫垃圾，电力又走向实现冶金、化工、煤炭等行业市场需求的道路。对于骨料行业，衍生出机制砂、商砼混凝土等新的市场。对一卡通的产品，延伸到可移动的称重设备、叉车改造、货车改装，又在物流仓储自动化方向发展棒棒秤、体积测量、AGV 搬运、码垛机械手、检重分选、仓储空间分析软件等仓储自动化产品和集成技术。在干粉砂浆料罐租赁中，除了传统的配件销售和料罐租赁服务、信息化平台外，逐渐派生了生产线装备、物流车辆、环卫厨余物联网改造等新的业务板块。在智能制造中，从 3D 工业相机和视觉机器人出发，走向复合型工业机器人制造，反推各类传感器的应用、研发、投资等，实现了新的产业链扩展使销售提速增长。

在企业组织形态上，合并五部、九部，新增合资公司一并纳入原九部，变物联网五部为工业机器人事业部。根据投资和产业园区发展、行业变化，再确定五部的发展方向。

在市场组织上，深挖客户要求，在引导行业转型与公司发展战略上进行衔接，国内外销售部一方面引导业务员把工业物联网多个事业部产品销售给现有客户，尤其是设备类产品；另一方面，开发子公司、事业部的新产品，来拓展新客户、新市场和新业务。同时，公司要发展壮大工业物联网事业部和打造七部、九部全新的业务团队，利用原本物联网子公司的市场渠道，按归属区域，结合实际的市场需求，定位于事业部或子公司某几类产品，发展专门的销售集成公司，筹建专门的微型传感器和工程测控智能化系统业务团队，尝试建设集团公司在深圳的华南、郑州的北方销售总部，集合子公司和事业部多条产品线，打造生产、销售于一体的区域总部型独立销售公司，集售前、售后、物流、市场、调研等多项功能于一身。

四是从管理提升角度夯实销售增长的新基底。

要进行定期的市场策划和调研，制订各事业部、子公司的视频资料和样本更新计划。善于从每月的业务总结中发现市场需求和公司短板。每年要至少进行两次对市场竞争对手的分析，取长补短。要调整对客户满意度调查方向，重点聚焦于客户普遍不满意之处或隐藏的客户抱怨点以及潜在的客户期望，设计不同的改革措施，创新资源配置方案，逐步满足客户需求。重点奖励对新市场有发现或对新行业有开拓或对新业态有深入的各个团队。要根据销售和毛利协议，设计新的期权奖励计划并实施；要结合ERP实施改善，来完善应收账款、信用额度、价格、串户、新客户资料、区域或国内外冲突等销售管理体系。要预备多个成本控制方案，来应对市场竞争下的价格压力；要利用大数据，每月或每季度分析大客户销售动态、主要产品销量变化及原因，要突破新产品的销售思路，研究产品结构变化和市场占有率变化，并通过实地走访、巡回服务等途径，获取变化的真实原因，制订改进措施。要引导公司所有资源优化，包括IPD工程中的市场探索和新产品开发流程优化、APS中的签单流程敏捷化、核价流程定岗定人定时、MES流程中实时生产可视化管理、合同管理规范、供应链战略和合理存量严格落实、PDM管理体现成就客户企业文化落地等，全力以赴，为销售增长加厚、加宽构筑管理基础。

五是从有效投资的角度构造销售增长新动力。

投资并购是销售增长的捷径，它速度最快，同时风险也最大、稳定性相对较差，因为此类销售增长的根基不深。因此，在投资前，务必把握尽调中投资对象的大客户评价、行业的市场竞争情况、客户的需求满足与否、商业模式、双方协同效应及整合成本；在投资中，要关注业务团队的思想变化、业务人员的月度总结报告和持续改善情况、销售人员的抱怨疏导等；在投资后，马上启动市场区域整合方案，在每月的市场分析会议和客户服务中心会议中要把帮助客户解决问题作为会议核心内容。实现双方销售资源共享，包括为客户提供延长且契合产品链的新产品、物流配送中心、售前支持方案、售后服务、案例等客户增值体系，共创业务员储备、激励、培训、培养、审计等管理体系。共担市场分析和调研责任、市场部分区域销售任务和利润指标责任、客户价值创新流程责任，共塑母子公司的销售文化和客户理念，共定母子公司协同的市场需求，深挖后，制定集团发展战略思路，赢得客户的认可和信赖。

投资对销售的增长不是加法，应是乘法，尤其是对柯力公司战略和产业链有补链、强链、深链、延链作用的投资以及建设深圳等地兼有基金 + 平台 + 生态众创飞地的产业园区，为柯力公司“5+10”及产业园区“3+2”的战略方针提供资源的投资。这是长期进行的投资储备，同时为销售增长提供了新的源头性动力。

新老投资项目都必须在坚守投资五大原则的前提下，坚守成就客户的文化理念，融合双方的各类资源，内生出服务客户的行动方案，从而赢得订单，促使销售收入有质量、有速度地增长。

·打造销售铁军

物联网战略的推进必须要有一支奋进的销售铁军，尤其是工业物联网战略市场具有极大的不确定性和充分需求的挖掘性，因此，这一战略的确任重道远，需要我们负重前行。

一是确定每一天的销售目标。

无论是上市公司业绩增长要求还是自身业绩的体现，都需要保持销售可持续增长。从公司销售管理角度来看，客户资源是公司的核心管控内容，正所谓“铁打的营盘流水的兵”，只有管控好客户资源，才能保证销售额的持续增长。

因此，在建立销售数据分析系统的基础上，要强化所有业务员工的日志维护，确认业务员每天工作的内容必须包括客户拜访记录，新客户成交前、中、后工作进展，老客户的订单、问题、需求回款、合同等，要提炼工作中出现的新问题、新需求、新思路。真正的销售目标不是按年、季、月计算，而应落实到每天。

作为销售经理，必须关注业务员每天的工作行程、内容、签单量、工作效率。罗马城不是一天建成的，同样，销售目标的达成也需要日积月累，才能实现从量变到质变。作为销售经理，要用心了解麾下的业务员，每天检查业务员工作并对工作质量进行判断，帮助业务员建立客户画像；严格要求业务员，使其克服偷懒等不良习惯，激发其潜力，最终促使业务员完成蜕变；同时也要关注区域市场主要的竞争对手，准确定位买单决策人。

销售经理要善于发现问题，归纳、总结问题的关键点，要有强大的动手和动脑能力，以示范或榜样力量，帮助业务员解决困难，从我做你看、我说你听，到你做我看、你说我听，不断训练，直至普通业务员成长为优秀的营销人员。

同时，在销售目标实现的过程中，销售经理必须发挥承上启下的作用，要把业务员代表客户表达的资源需求反馈到公司，并说服、协调公司内部各个部门，争取为客户找出解决问题的方案并落实方案。

二是抓住销售成功的关键点。

销售过程需要注意的节点有以下几个：

一是发现新客户。发现新客户的途径包括网络、转介绍、展会、协会、专业媒体、上下游供应商用户、老客户离职人员去向等。

二是走近客户。这要求业务员具有强大的沟通能力、亲和力、机会把握力和走访前对客户情况、个人喜好、成交难点及方案的充分了解以及初见客户洽谈预案的合理方式等。

三是要找对客户，尤其是购买决策人。销售人员的时间是很宝贵的，不要把宝贵时间浪费在无效沟通上，找出客户中的决策人和熟悉决策流程至关重要。

四是挖掘客户痛点。通过倾听和观察，搞明白用户现状与心理期望值之间的落差是什么，其急需解决的问题是什么。是价格、质量、功能还是竞争差异化、系统集成、服务。最为关键的要点在于能不能给客户带来价值，只有触及客户内心最需要解决的问题,销售才算走入佳境,事半功倍。

五是展示解决方案。要针对客户需求,结合公司的资源呈现解决方案。如果公司的资源暂时不太能满足客户需求,可以与上司乃至总经理沟通,请高层协调,争取集中资源、全力满足,同时要开诚布公地说明付款和价格要求。好的营销方案自己会说话,而且能创造价值。优秀的销售人员应该为公司和自己带来足够丰厚的收益,优秀的销售人员应当抛弃低价取胜思维和羞于提出付款要求的包袱。销售的核心在于满足甚至超越客户要求,因此对业务员既提出了自身专业过硬的要求,也提出了协同公司资源创新整合能力的要求,更提出了挖掘、准确把握客户需求能力的要求。只有三者具备,销售铁军才能打造成功。

六是注重后续服务。销售不是一锤子买卖,物联网更是客户战略革命。合同的签订只是销售的开始而不是终点,后续服务还包括质量、变更期、服务确保,客户内部信息和情报体系建设,以及竞争对手产品和销售策略变化引发客户和市场的反应。要时刻为下一个订单创造时机和跟踪服务,从而积累资源,为不断刷新销售纪录而努力。

三是打造强大的销售团队。

打造强大的销售团队,首先要明确销售文化。我们的文化即成就客户,一切以客户为中心。业务员必须有激情、忠诚,具有团队精神、利他精神,帮助客户实现价值,尤其是帮助客户转型升级。这既是价值观要求,也是业务员赖以生存的基础。

其次是要招对人,重点是引进符合销售文化价值观的业务员,而且对业务热爱且有激情。业务员要能够在柯力公司现有平台的基础上,达成销售指标,并能够开拓后续新产品、新行业、新策略、新空间的销售增长资源。公司要为年轻业务员提供广阔的提升空间和有竞争力的薪酬、股权激励制度,同时考虑专门建立新入职业务员在接手市场后的半年内不负增长特别奖励的政策。同时，公司必须重视竞聘上岗或者业务部门之间轮岗调岗，善于把握想从事销售的非销售人员的心态并做好他们竞聘前的培训工作。

再次是建设人员的培养工程。这一工程既包括形成人才梯队，建全不同层次销售人员标杆培养的方法和培训手法，创建业务员优秀、良好、合格、不合格四大层次逐次递进的培养计划，建立储备业务员学习、成长跟踪机制，设立销售经理跟踪业务员日志和帮助业务员提升计划，建立所有的销售培训资料整理、归集、更新、共享机制，建立案例汇总、分享、讲习制度，建立业务员负面情绪和工作压力疏导体系。销售经理对市场问题要及时从微信、OA、书面报告等形式审核、跟踪、监督落实，并坚持到市场一线去，在现场解决实际问题。而且要“授人以渔”，最佳方法不是帮业务员做业绩，而是要仔细分析业务员与客户交流中存在的问题，然后不断总结，逐一分析，梳理销售流程的总脉络和关键节点，以帮助业务员成长。为此，销售经理必须要做足功课，拜访客户前做好充分准备，把握各个销售环节，提前设想会出现的困难与问题，准备好各种方案并对症下药，尤其是面对客户的质疑时，必须冷静思考，从客户要求的角度考虑问题，并梳理公司资源，为争取订单全力以赴。

最后是留住优秀的业务人才，以前景、价值观、待遇、情感留人，对优秀的业务员进行问卷调查和需求盘点，并提出有针对性的各类措施，实行双规晋升机制。对年轻且财务不自由的员工，实行薪酬留人，对上市后财务相对自由的员工，实行事业留人。鼓励员工创客化，促使员工朝着子公司、新事业部业务负责人的方向发展。同时，公司要及时淘汰品行不端、价值观不合、能力不足的业务员，以保持销售团队的高战斗力和纯正性。

四是建立营销大数据分析系统。

要运用系统化手段建设营销大数据库，思考市场变化，完善大数据系统。为销售增长服务是大数据的价值所在。

在销售增长上，可以分为产品、行业、客户销售量、销售额变化；寻找产品边际变化的原因和制订销售策略预案；寻找行业销售额边际变化，尤其是突然增长的行业市场，在调研后形成以点带面的营销提升计划；寻找客户增长加速的原因，调查占有率变化，在实地考察后，运用微信图片或者提交走访专题报告，做出保持业务稳定的规划；实地走访负增长客户，寻找原因，全面分析，尤其注意分析情报底层渠道，将负增长的原因细分为客户、公司竞争力、对手变化、客户同行竞争等，从而有针对性地采取不同的策略和方法，争取转负为正。

在开拓和开发中，每月梳理，整理新客户的基本情况、领导人特征、发展方向、重点需求等资料，并按行业、产品类别归类，尤其要关注新萌芽的行业和产品，为公司未来的业务增长做准备。要安排专门的调研，并建立行动计划。技术管理部门、产品经理应运用大数据分析系统，搜集新产品投放市场后的客户反馈。对于有问题、销售量少的新产品，要改善后续思路和研发立项，把有限的资源聚焦于市场真正有需求且有增长空间的产品上。协同业务人员一起走访，收集客户对于销售好或不好的产品真正的反馈，获取第一手资料。

在销售询价分析上，可以清晰地看到不同产品价格的变化趋势，从而明了市场竞争态势，为公司成本管理和边际成本分析提供方向，并且采取多种管理思路来稳定市场份额。

在订单转化率和流失率分析上，要将它作为销售团队改善业绩的重要基础，同时，它也是判定业务人员销售业绩的手段，更是销售经理最核心的工作。这一工作的重点是帮助业务员掌握接近、贴近客户的技巧和方法，判断客户真正的痛点和实力资信，增加和提高拜访客户的数量和效率，保持积极向上的心态，辅助业务人员签单成功，协调资源配置，提升技能，让业务员稳定进步和成长，从而吸引更多优秀的业务人员，组建优秀的销售团队。

在分析市场竞争对手数据上，要通过公开或非公开的信息渠道，每季度运用大数据分析系统分析对手的销量、市场策略、新产品开发、客户反映等信息，并且采取措施，提前准备好应对竞争的策略。

销售是知行合一的工作，是伟大的职业。销售铁军的打造来源于客户现场，最终回馈于客户。每个销售人员应秉承成就客户这一铁的理念，坚持运用好公司资源这一铁的方法、坚守严于律己这一铁的要求，在积极饱满的状态下，保持平和的心态，开心销售每一天，才能组建真正强大的销售铁军。

战略与人才

创造行业价值与竞争优势

工业物联网特性与公司战略

工业物联网是目前国家提出的新基建七项内容之一，而且集 5G+、大数据、工业软件平台应用落地于一体，是传统制造业转型升级走向智能制造的集大成系统，即将发挥重大作用。工业物联网是柯力公司发展的战略，也是愿景使命，虽然实现此战略的道路十分艰难，需要充分掌握工业物联网特性，但是我们别无所选，必须坚定前行。在探索的道路上，以下几点是我们需要重点关注的。

一是工业物联网与消费物联网有本质的区别。

工业物联网以工业制造为主题，必须与企业实际运营需求相结合。一个企业一套系统，一个行业一个做法，工业物联网出不了爆品，它需要一个从量变到质变的漫长过程，需要匠人心态。而消费物联网是面对众多消费者的，其物联网价值取决于用户的数量和规模。太网创始人罗伯特·梅特卡夫提出的“病毒式裂变增长”，也就是网络节点产生的梅特卡夫效应，由于几何效应用户数量增长，很快出现盈利平衡点，其盈利是几亿级甚至几十亿级的，其关键在于激活用户数量。而工业物联网则要从企业核心业务入手，掌握客户所需的工艺流程诀窍，探索行业属性，在核心业务各个环节上实施标准化和数字化。每一个行业，甚至同一行业的应用场景都有巨大差异，需要从需求端出发，去透彻了解、认同设备使用者的需求，再考虑不同设备上的传感器、控制系统、模组、通信技术、云端、大数据、软件等，进行设备改造，形成物联网的产品布局。

因此，在工业物联网发展过程中，不要寄希望于数量的暴增，而是应该把产品做精、做细！

二是工业物联网更强调应用及隐性价值。

工业物联网与消费物联网的区别还在于商业收入模式上。消费物联网以 TOC 为主，以终端消费者为主，直接销售产品或服务；而工业物联网则要复杂得多。

首先，工业物联网所带来的价值是隐性的，不管是从理论上讲，可以使企业加快市场反应速度、缩短交货期、实现大规模定制、加速向制造服务业转型、提高设备和人员效率、形成具有发展前景的生态体系，还是从实践上讲，目前柯力公司的称重物联网产生的实际价值，包括远程服务、在线监测、防作弊、提升效率、ERP 和 MES 软件对接信息化等，都很难直接量化收入，难以直接收取年服务费，或者实际使用付费。工业物联网的商业模式更多是设备自身从 1.0 到 2.0 到 3.0 到 4.0 不断升级的设备价值汇总体现，即从机械到电气自动化，到信息化，到智能化装备中的自身价值中去挖掘盈利点。同时，结合客户的专项需求，如防作弊、远程监测、在线服务等提升设备价值；结合物联网设备无人值守、一卡通，提升物料管理质量和减少人力成本；结合数据接口与 ERP、财务、MES 等系统对接形成企业管理的大数据系统。延长产品链和提高单台价格，使系统集成尤其是设备预测性维护和在线检测软硬产品，而销售非单台（套）产品。

作者在物联网高峰论坛上发言

因此，工业物联网的商业模式是隐性的、长期的、协同的，是企业行为，而不像消费物联网是显性的、多节点的、爆发性的，是个性行为。

三是工业物联网更多面向制造领域和制造产品。

工业物联网主要面向生产制造场景，消费互联网则更多面向消费场景。从消费走向产业，是互联网革命的下半场，这更难，但更具有历史意义。

工业物联网具有双边市场效应，供需之间要不断沟通、不断匹配，更关键的是不断创造需求。无论是新产品还是新行业，都首先进行产品研发、新产品应用，而后提高产品性价比，再走向自动化、信息化、智能化，按照每个行业、每个场景的不同需求，不断进行产品迭代开发。最后，形成大数据分析体系。

对于制造过程中的众多设备和场景进行物联网化，让生产制造出来的设备适应未来企业管理对大数据的需要，同时，由于大数据有助于企业制造体系形成扁平化管理和人员减员增效，重塑未来企业管理的团队构件和阿米巴经营模式，由于阿米巴经营中每一个人的操作在系统中留有痕迹，如材料、资金、能耗、产量、设备等，这样成本和毛利率在物联网时代会一一呈现，帮助管理层了解公司资源使用和团队绩效情况。在企业发展中，随着业务规模扩大，依然可以保持单个团队作战，而不必通过增加层级和管理人员。

因此，物联网时代可以最终解决信息的不对称问题，使企业组织扁平化和管理功能平台化，从而提高企业竞争力，奠定企业发展的基石。当然，在工业物联网发展过程中，无论是企业内部的数字化改造还是外数字化产品的输出，都需要企业战略上的变革，包括市场营销、人力资源研发、制造、品检、供应链管理的重大协同变革等。

四是公司战略必须顺应工业物联网的本质特性要求。

首先，要明确两个方向，即制造数字化和产品数字化。要把工业物联网作为柯力公司的使命和愿景，这是一项长期战略，而非短期目标，需要花五到十年，甚至更长时间不懈努力。

其次，工业物联网发展需要两条腿走路，一条是各类物理量传感器，除了称重外，还应发展 MEMS 压力、流量、气体、湿度，并寻求自故障判断、自检测、多物理量融合、逻辑判断、自调查自适应，算法判断决策、自补偿等智能化传感器方向；另一条是常有自故障检测和大数据分析的行业应用落地的物联网设备，应用于交通、建机、物料管理、畜牧业、垃圾分类、环卫、环保、物流、割胶、医疗等诸多行业物联网，通过 OEM、ODM、产业园区企业合作，投资控股参股新的事业部、子公司，提升其发展定位，采用与央企国企合作、海外并购重组等多种方法，来形成物联网发展孵化、众创、加速、成型的态势。

再次是两手抓。一手抓基础管理，包括 IPD、精益生产、信息化、成本分析等体系，提升产品性价比和市场竞争力；一手抓投资，包括研发投入，中高级人力资源引入和组织变革、海外公司建设、外贸转型、事业部新建和扩建，投资项目和体系变革等投入。朝着多种传感器、多个平台、多个行业事业部、多家投资子公司的集团公司方向迈进。每年培育一到两家初创发展快产品线的事业部或子公司，每年销售额同比增长百分之五十的事业部或子公司增加一到两家。在风控的前提下，不断投入研发、人力、项目，稳定并逐步提升经营性现金流量，加大投资性现金流量支出，在必要时再运用筹资现金流量，要有能力及管理水准，保持增长投入平衡，不必寄希望于工业物联网爆发及多种服务收入的快速增长。未来三年，保持销售百分之十以上的增长率和利润百分之二十五的增长率，实现利润倍增计划，并为后续三年的倍增奠定基础。

最后是两个面推进。要脚踏实地进行市场观察和信息收集，要有充足市场需求的信息来源渠道，要有跟踪物联网应用场景痛点的关键技术和项目储备体系，形成汇聚一批、跟踪一批、洽谈一批、签约一批、投资一批的物联网战术执行策略。充分发挥各种传感器、通信技术、软件、大数据、人工智能的平台力量，建设和巩固传感器和物联网在关键行业的应用品牌及龙头地位，坚持不懈地围绕战略进行有效投资，尤其是人力资本投入和核心竞争力投资，如技术、精益生产、设备、质量管理等硬软件，形成信息化、数字化决策体系和数字化产品制造，生产为用户带来真正价值的数字化产品。

再论柯力发展战略

作为一家上市公司，其核心使命是促进企业资源配置最优化，保持经营业绩稳步提升，回报股东及员工。柯力公司的利润增长目标是转送股后保持每股净利润不变，为了实现这一目标，战略构建必须基于可执行、可循迹发展的思路和文化，在最近三年中，柯力发展战略遵循以下方针。

一是打造数字制造柯力。

目前柯力正处于打造数字制造的最重要时期，首要任务是改善 ERP 品号建设和基础数据假设，重点推进接单→签单→ MES 单→销货单→出库单→发票→回笼→应收款管理全过程的一条龙管理，完善发票开具、资金支付、凭证生成、成本核算、利润分析、信息化基础工作，完善营销大数据、信用额度、核价和 MRP 物控体系。

在 APS 系统中，着重打造对生产制造中的产能可以一目了然，资源配置有效，关键订单优先排产，交期模拟评估清晰，计划执行进度及变化管理明白，重点解决自动调货、预防漏单、自动排产、置换与插单、最快交货、合理存量、PMC、WIA 等产品资源调度体系，逐步形成机联网和钢材 BOM 清单后续 MES 计划，达到工效、设备利用率、换模、物料供给、质量、能源消耗等全面信息化。

在自动化中，自动化和节点无缝化串联生产线全过程，发挥精益生产下从车间到生产线的功能布局，加强各条生产线并联自动化；加快工序细分、PMC、IE 分析、工装夹具、流水线作业等提升自动化进程，将所有的信息化和自动化接口串联、产线并联，持之以恒地完善提升，为实现每年工时节约增长率不低于利润增长率的目标奠定坚定基础。

二是打造智能物联柯力。

在传感器产业链上，从一枝独秀到百花齐放，在称重传感器上，实现差异化、高端化、定制化、智能化、物联化；在压力传感器上，实现投资与制造并行；在流量传感器上，实行股权、投资、管理创新三管齐下；在气体传感器上，实现资源融合共享共创；在其他物理量传感器上，以需求推动、以投资拉动、以产业园区入驻或资本运营为抓手，打造传感器园中园。

在工业物联网发展中，十箭齐发。重点推进以模块化工程、质量口碑、业务有效竞争体系和以自故障判断、窄板、大数据应用为研发壁垒的不停车检测系统工业物联网一部；推进以从料罐租赁出发到第三方物流、砂浆生产线租赁、商砼生产线合作、信息化平台、车载设备为纵线的产品面和多个项目部。成熟项目部转化为子公司，以与客户或供应商融合的合资公司为模式部门面，一纵一横交织成干粉砂浆料罐租赁和信息化服务的工业物联网二部发展；推进以资源共享和行业为切入，逐步复制和拓展、定位市场和定型产品、开拓和深耕业务模式的包装配料测量功能工业物联网三部发展；推进以资本运营和无人值守一卡通称重物联网战略四部建设；推进以市场为导向的设备完善的智能物流门店和建设战略合作伙伴的工业物联网五部；推进完美展示称重物联网与环保固化、危化品监管的搬运、仓储、处置的工业物联网六部发展；推进建设以割胶机器人和集中收胶的称重物联网、橡胶园智能化管理为发展方向的工业物联网七部；推进建设以畜牧业养殖房舍和饲料塔物联网、定时定量喂料系统的工业物联网八部；推进集重量、体积、扫码、物联网、软件于一体的智能化仓储、搬运物流解决方案的工业物联网九部建设；推进建设从冶金和化工行业中称重系统集成进一步走向物联网和团队变革管理创新的工业物联网十部，即余姚太平洋子公司。

在所有工业物联网部门的发展中，均以市场需求为主导，以人才团队建设和激励为核心，以把握好性价比最高的产品和解决方案为载体，深入结合公司投资和部门发展，抓住机遇、快速成型，深度融入风控和资源。

三是建造生态投资柯力。

首先是建设产业园区，园区内上下游产业企业与柯力公司内部存在小循环，将双方供需对接，充分共享与融合，释放资源平台，然后根据内循环中存在的短板、欠缺逐渐进行深链、强链、外链、延链，结合第三方、政府、企业、合作伙伴招商和以商引商，结合房东角色、OEM（ODM）、上下游产业整合、技术合作、债转股、合资、并购、外地合作等多种合作方式，将深入产业园区发展作为柯力公司发展战略的主要组成部分，也是柯力公司未来发展的动力源泉和战略特色。在上规企业培育、服务精品、马上就办、以链留人、以股留企、以单引人上下功夫，创就真正的战略与产业生态协同发展的思路。

其次是投资上注重三观一致，产业围绕工业物联网应用、平台、传感器，业绩约定或对赌，有明确退出机制和资源共享、共创、共赢五大投资要点。要从市场中洞察物联网应用所需的各大平台和机会痛点，提升物联网认识，重构客户需求，一边深入市场形成战略支点，一边实践建设工业物联网的十个部门和五种以上物理量传感器。

再次是在产业生态构建和投资时，强调市场、团队、产品三位一体，既不要轻易放过好的人才和项目，哪怕要求很高也不惜代价，也不要急于求成，必须恪守投资五大原则。

最后不要等待，可以从小到大、以小见大、以小博大、边干边进、少说多干、知行合一。在干的同时积极主动，保持激情和信念，公司要给予更多支持，让事业部经理学会自我成长和适时培育、变革创新。

四是构造青春变革柯力。

要大量引进、储备一批应届大学生，打磨成为十年后柯力的中坚力量；要重视 80 后、90 后的培育、培训、培养工程；要提拔年轻的中基层干部到新的事业部，要储备 A 级战略人才并适时更换一批中高层管理人员；要创新柯力文化、鼓励奋斗精神，特别是让年轻的业务、研发、管理人员冲锋陷阵，即使暂不能胜任，也要敢于尝试；要有勇气让年轻干部试错和让一部分利润沉没，同时坚持让独立核算部门享受超额利润分成；对有责任感和克服内心阻碍从容调岗、轮岗的干部给予更大的平台和激励，对不愿承担责任、满足现状、讨价还价、传播负面能量的管理人员进行淘汰辞退、降免职务和缩小权力范围；坚持以客户为中心，让一线业务人员享有更大支持；允许非原则性细节试错，重点给为客户、公司创造价值的员工提供股权激励；坚持自我批评和反思，培植团队意识，遵循利他原则，对要求进步的员工必须充分给予竞聘上岗机会，对进步明显的员工必须重用、重奖；坚持问题导向，鼓励大胆提出关键问题，再给予解决问题的资源和思路支持；在物联网战略上不应将过多精力放在经营细节，而是要抓住市场核心需求创新和聚焦资源，尽快突击突破传感器和物联网两大产业新的发展机遇；坚持投入为先，适当控制利润增长，将其转化为对市场、研发、产业园区、人才的投资。

深淘滩、低作堰，要有长期艰苦奋斗的思想准备，并且从自我开始变革，紧绷市场危机之弦，提升自我要求，对标战略高度不断调整与改变自我，机会永远是给奋斗者，而且是有准备有能力的奋斗者的。要让每一个柯力人明白，人生的高度取决于自己调整的深度和自我要求的尺度。在波澜壮阔的物联网战略变革中，一定要有奋斗、创新、自律、激情的柯力人在同等战略高度的平台上站位。

随着战略的推进，我们的利润增长必须从常规传仪转到工业物联网；从产品经营转到产品、投资、产业生态并驾齐驱；从追求利润增长转到投入为先、产出平衡；从一枝独秀到百花齐放。

我们的战略是实现数字化制造和制造数字化产品，是实现产业生态和资本投资融合，这就要求我们时刻保持青春奋斗、自我变革的心态，求实创新，不断朝着物联网战略方向奋进！

物联网战略下的人力变革

物联网战略已进入第五个年头，柯力公司正在逐步建立物联网应用平台和行业落地的各大事业部。物联网战略公司的发展使命是让装备充满智慧，任重道远。上市后的柯力公司发展将面临新的历史机遇，我们要更加重视变革创新，抓铁有痕，取得战略上的进步，深深扎根于物联网土壤。为达到以上愿景,需要在人力管理上做到以下几点：

一是提升老员工素养，促进转型，提高团队在不断变革中的战略适应性。

对于老员工的管理，要认识到老员工是柯力公司发展的中流砥柱，是公司的宝贵财富。在物联网战略发展过程中，要区分老员工类型，对于能力稍弱但有工作经验的老员工，应该安排能够发挥其长处的岗位，并落实其帮带人员，注意人才梯队建立；对于因为上市造富而出现心态懈怠不努力的老员工，要有引导方案并制定警示机制，由人力部专员注意每月对该类老员工的思想动态和需求进行摸底，使之发挥应有作用；对于有能力且努力进取的老员工，应该根据其专业和特长，授之一定的责权利和更大舞台，领导对应物联网事业部，扎根应用场景，开拓新的客户需求和构筑物联网商业模式；对于不主动、不进取、拖后腿的老员工，则应调离岗位直至其离开公司。

在老员工转型中，要对老员工的需求，如培训、理财、人力资源管理、财务、法务等进行详细调研，制订老员工培训计划和职业生涯规划，制订老员工工作代理或更高岗位试岗计划，制订轮岗计划或调岗计划。设立业务经理区域轮流值班制，开设研发人员轮岗业务部门，设立产品经理培养机制。建立中高层老员工晋升或降级后跟踪机制，探索中高层老员工兼职工作激励和培育体制。

对老员工福利要逐步优化，完善学习基金、节假日、体检等福利政策，同时在薪酬体系上鼓励老员工发挥岗位技能等级 A、B 级榜样作用和在物联网战略中的核心作用。鼓励老员工以更积极向上、不断创新的心态，辅以多年的文化适应和专业经验，在战略变革中充当先锋拓荒者。试行容错机制，在考虑薪酬和业绩提成的基础上辅以成本奖励、创新提案、柯力之星奖、突出贡献奖、转型奖励、帮带奖励等措施。

在物联网战略道路上，体现柯力公司后续全员持股计划，实行期票或者期权激励，新的上市公司通过分拆，让做出贡献的老员工再次享受 IPO 的红利。

伴随着柯力公司新的合资合作，独立事业部、二级市场、投资、海外公司、产业园区投资公司、参股拟上市公司、控股初创型或成长型企业会不断涌现，老员工可以在更大的平台上发挥他们的智慧和才能，推动企业的人才战略协同。

二是提速打造新员工人才团队，实现企业人才辈出的战略支撑。

在人才战略上，应物联网战略上的市场应用需求产生的新事业部、新投资项目、各子公司或部门，在新的年度规划中，人力部必须重点关注投资会议中拟投资项目的人才储备，部门经理会议中的新事业部进展，各子公司、部门人员动态或者业务进展情况。同时，通过动态储备、合作伙伴、人员整合、新人培育、竞聘上岗、轮岗调岗计划安排配备员工。在优先满足老员工需求的情况下，再考虑外部招聘。

在招聘过程中，重点关注人员招聘的有效性，即文化适应性，包括抗压能力、制度认同和沟通主动。要提前将公司的薪酬提成、加班情况、社保福利、业绩考核、计算方法等一一告知面试人员，让其做出判断，否则后期沟通和离职成本更高。

对拟录用的中高层、研发、业务等主要人员进行必要的背景调查，建立针对品行、心胸、责任等的文化性面试题库。对新进入柯力公司的管理人员要有详尽的试用计划，并制定帮带人和激励措施，注明实习工作重点和预防注意点，形成每半年或每月的实习总结报告，并着重考察试用计划中的注意点，完善试用期综合评价考察体系，调整试用期员工综合评价体系，严格把关转正环节，管理人员的转正率不高于75%，真正保证进入柯力公司的新人的能力和适应力。

在新人团队中，还必须启动每年五名左右“211”“985”大学核心人才和五到十名对口专业院校应届毕业生的雏鹰人才储备计划，保持在总经办、销售部、财务部等各动态储备一到两名人才。关注中高层经理，把育人、留人、用人、引人、淘汰人作为工作的核心以及年度KPI指标的组成部分。公司要改革人才战略会议，要求每个部门经理在会上提出本部门人员的需求及思想变化，在会议前收集相关意见，在会议上做出明确答复和部署，在人力周报和总经办周报上，每周、每人必须反馈部门需求协同的至少两人的谈话记录和解决员工需求的实际方案。

关注新员工，尤其是90后员工对工作环境、激励机制、作息、福利、氛围、培训、吃住行等方面的需求，引导员工适应柯力公司文化，鼓励创新基金和合理化建议。关注新员工工作方面的短板和内心障碍，疏缓新员工压

柯力公司中高层管理团队合影

力，对无法达成业绩的业务、研发、管理三条线的员工形成有针对性的解决问题的思路。

关注集团招聘信息共享与文化匹配差异化、规范化。关注总经办了解中层、关注中层、发现中层、推荐中层、淘汰中层的功能，确保人的管理是人力、总经办乃至整个柯力公司的关键工作。

三是提炼物联网战略远景，实现公司物联网战略转型升级。

公司在物联网变革道路上，始终朝着国际一流物联网公司的方向前进。在以夯实传、仪、称重元件为基础的前提下，开拓其他物理量传感器，并应用于不停车、冶金、化工、物流、干粉砂浆设备、垃圾分类、环保设备、一卡通无人值守等物联网行业落地公司和人工智能、软件、大数据、云计算等通信技术平台式企业。通过战略变革下的组织框架不断深化，人力资源中新老员工的储备和转型，内部员工创新和创客化，投资项目人力融合等途径，让员工在入股价格优惠、资金资助奖励、业绩招标完成的前提下，享受期权和期股红利，员工跟投和超额利润奖励转化为股份等多种政策。

同时，在人才发现机制中，通过推介、轮岗、工作代理、调岗、竞聘上岗等机制使人才涌现，通过子公司总经理每年两次的培训、产品经理培养、研发人员轮岗、区域经理轮值、每年两次的中层轮岗制，建立、健全人才培育机制，通过职业生涯问卷调查、每半年的中层访问表、人力战略会议中的人才推荐表等收集信息，建立总经办发现人才、试用人才的体系，完善用人荐人机制。通过日常谈话、定期回访、经常疏导等沟通机制，实施有效的晋升、技能等级考核，使人力资源工作内容丰富化；通过母子公司协同、业绩考核、薪酬差异，形成效能提升、创新和成本基金、非经收入等立体布局，来满足员工日益增长的收入要求。严格实施试用期转正把关分析，每月人力战略会议上的人员警示谈话切实落实，对业绩下滑并持续无改善的中高层经理人员逐渐过渡到顾问式管理人员，让一批80后管理人员逐步担任核心岗位，并提出业绩提升方案和熔断机制。建立人才储备和基金机制，形成动力与压力并存、挑战和机遇并存、预防和投入并存的多体系、多层次战略协同式人力变革。

站在上市公司的新平台上，我们既要如临深渊、如履薄冰，同时，面对诸多不确定性，面向蓬勃发展的物联网，我们也一定要放稳心态，保持奋斗精神，积极主动地去实践物联网战略。在工作中，一定要放下身段，为物联网的发展务实创新、以始为终、只争朝夕。同时，一定要端正思想，坚守柯力文化，严以律己、宽以待人，不断追求更好的自己。在创新思路上，一定要放飞思维，坚定双赢思维，为柯力公司逐步走向传感器与物联网两大战略布局奠定团队基础。

再论物联网战略下的人力体系变革

企业发展战略离不开人力管理体系，唯有人的进步，才能使战略保持前进，尤其是工业物联网的创新发展，更需要人力体系的不断变革。

首先，协同人力布局与战略布局。

根据整体战略布局，按照产品数字化和数字产品化两大方向，即不同物理量传感器和不同行业应用工业物联网，落实市场洞察、人力曲线、核心竞争力三大行动，推进产业生态和资本投资良性互动。

重点布局事业部负责人、市场销售主管、内部运营经理三个核心角色，同时关注投资子公司中的总经理、销售经理、财务经理、人力资源主管。要寻求适应物联网战略的财务、审计风控、供应链等储备人才。通过总经办、销售部、人力部三大储才池，启动“985”“211”名校大学生入企计划，建设内部主管以上管理人员的任职资格序列和晋升通道，摸底员工职业生涯规划，完善中高层半年度周期荐才制度，设定轮岗、调岗、定期的流程，明确一主一辅的岗位互补和人才梯队的建设方案。总体上，使人才储备保持百分之五左右的冗余。

人才结构除了研发专业外，保持事业部子公司负责人、销售部业务经理、内部运营监管、财务审计人员等四项人才，保持布局冗余至少一人的格局，同时对人才布局进行 A、B、C 分类，根据战略大、中、小进行分配。在大战略层面，重点考虑蓝海人才，如高层人才、事业部负责人、子公司老总及销售经理；在中战略层面，重点布局财务、运营人才；在小战略层面，切入市场竞争，如客户、业务中，布局业务人员和内部管理人才梯队。

在一线员工的布局上，按照年度规划，结合自动化、信息化、精益生产，在每年五月或六月，开展年中最高峰产量下的工效提升和员工转型后的熟练工种培养，此后进行产能分析，以求得最高产量。不同产品结构加权后，用不同岗位月产量总工时除以岗位人员平均月工时，得到人员需求数量，确定扩编招聘人员数量。

一线人员整体布局的关键在于自动化、精益生产下的工效提升、不同产品结构、预测生产总量四大因素。总体指导原则是每年五、六月必须制订最高的产量计划，每年春节后必须按照三到四个月后的产量高峰值确定扩编人员数量。第一季度，备库执行最高的合理存量；第二、三季度，做到产销平衡或者减少库存，备库执行最低的合理存量；第四季度，在人员离职不补员的前提下，减少产量实现产销平衡后，把最低合理存量拉高至平均的合理存量水准，即将最低和最高的平均值作为一线人员整体动态布局策略的基础。

其次，把人力成本转化为战略前行动力。

我们不能光看到要支付给人力的各项费用，还应该将人力视为创造利润的源泉。HR 应把人力作为资产而非单纯的成本。人才培养重在固本强基，这是一项长期而艰苦的工作。

作为上市公司，人力布局应该严谨可靠。要提前两到三年进行战略布局，这种战略上的布局会不可避免地带来人力成本增加，因此，在年度预算和利润预测中，必须留出一块费用作为人力成本。其组成包括储备干部或动态离职下的人力培养成本，主动淘汰人员的补偿成本，在职人力的培养、培训、培育经费等。每年应考虑将销售收入的千分之五或者利润的百分之二至三来进行人力投资。这项尽管是成本，却也是必须的投入。

当然，在人力成本投资中，招聘环节需要关注以下几个方面：一方面，加强核心岗位背调和过往经历查询；另一方面，要在面试中筛选符合企业文化特性的人员，如三观一致、工作积极主动的。要建设人才素质测评体系，尤其要强调市场经验与现场战略培训结合，将培训产品化，进行人才需求盘点。工作中，进行任职资格建模、人才培养、任职资格评估，从而减少后续的离职成本。

要关注在人员培训、培育上的成本投入，确保公司外训费用、部门团建费用、员工学习基金、专业提升培训经费、带班师傅和导师经费等的投入。关注在一岗多能、兼职管理、工作范围扩大和工作量增多上的薪酬补贴以及人员薪酬提高及社保成本提升等。

同时，在人力成本管理上，务必要建立“能者上、庸者下”的机制，杜绝论资排辈的管理理念。通过对 KPI、BSC、考试、评议、创新基金或提案等的综合评分，形成管理人员评价体系。对于得分前五名或者高于八十五分的，予以晋升和重用；对于得分后五名或者低于七十五分的，进行降免和训诫。对于长处和短板明显的管理人员，建立专门补短板机制和主动沟通机制，定期测评和反馈，尽力做到把合适的人放在合适的岗位，扮演合适的角色，从而使得人尽其才，能够发挥最佳的状态。

再次，将激发员工创造能力作为战略发展的核心内容。

我们必须明白，公司所有的销售收入和利润都源于柯力公司所有员工共同创造的价值。人力资源是否得到最佳的配置，取决于是否找到人力资源边际收益与边际成本的平衡点，而且是要维持动态的平衡，即战略发展下的储备和培育。

在积极主动推进人力成本投入的前提下，必须最大限度地有序激发员工的创造能力。在授权与分权体系上，要进一步梳理不同子公司、事业部总经理和部门经理责、权、利、能（责任、权力、利益、能力）对等统一的体系，根据责任适当放大分管经理和部门经理的责权，并根据实际业绩，予以进一步放大或缩小，实现半年度调整周期的动态责、权、利、能体系落地。

在薪酬设计上，结合上半年度或上一年度的KPI考核、BSC考核、加班、创新基金或提案、评议、考试六大因素，来确定本年度不同的薪酬增长比例，落实“能者上、庸者下、平者让”的薪酬竞争体系。同时，人力部要根据人才市场上社会平均薪酬的变化和柯力公司在战略协同上的薪酬要求，设定不同职位的薪酬提升幅度，来满足新晋管理人员的要求，维持公司薪酬竞争力。

总经办激活创新基金是管理人员薪酬激励的又一途径，同时，各部门通过自身努力，为公司争取到了更大收益，可以从所得利益切出一部分作为对部门相关人员的奖励，如投资、资金管理、政府项目、采购成本、检测收

柯力公司部门经理会议

入、能源节约等，以鼓励资源收入最大化。

在组织架构上，将事业部和子公司打造成平台型组织，将前台职能并联，融入面向客户的销售，建立共同利益分配体系，破除部门墙、隔热层、流程桶的大企业病，明确事业部对采购、人力、财务、市场等各职能部门的奖励，明确采购对成本、人力对培育、财务对增值、市场对销售等核心功能的助推，明确子公司、事业部发展的激励机制。同时，加强事业部、子公司的预算、预案、预酬管理，以销售收入和利润作为最核心的指标，进行内部市场化操作，打断链锁，在企业内形成自由市场，让新想法和活力促进企业内部血液循环流动。

在股权激励上，鼓励内部员工创客化，在自有资金净资产的基础上扣除一定折扣后入股，允许分期出资和按一定比例资助，并将每年超额的利润按不折扣净资产的价格转化为股份奖励，并设立让双方退出的良性机制，包括溢价回购、转让等。

落户于产业园区的合资、合作公司，可以在房租、税收及其他资源上，享受产业园区企业最大优惠力度的政策。在对于柯力公司现有管理人员的股权激励上，更多采取有限制股票的奖励方法。在柯力公司整体利润增长率达成情况下，基于完成设定 KPI 中核心指标和进行业绩对赌，对子公司高层、事业部主管以上、优秀业务研发投资财务审计等核心人员，结合个人完成的指标，给予一定数量的低价折扣后股票。公司在牺牲利润前提下(股份支付转化为管理费用)，也要看见优秀人才为公司带来的利益，拿出相当比例的利润回馈他们，尤其是在前期股权激励中未享受或未充分享受到的优秀管理人才。

最后，让加强团队建设成为战略前进的压舱石。

建设一支优秀团队，一是取决于目标的合理性与执行性，充分分析客户需求，实现合理增长率的目标，体现为适应战略增长要求和多点支撑下的东边不亮西边亮特性。在具体分解子目标上，一定要有多管齐下、多点出击、多路可行的方法，辅以实现目标所需的产品、营销、人力、服务、质量、成本、信息化布局等，齐头并进，整体行动。

二是要有强有力的领导，要积极作为、注重预防、以身作则、要事优先、以终为始、不断创新，要贴近市场，不断与上司沟通，获取资源以及协同兄弟部门，要有主动担当、换位思考等能力、品性和情商等。

三是对下属的分工与定位，要注意引导和用人，扬长容短、扬长避短，运用短板拉高和他人补位策略，使团队每个人都能发挥最大效能。

四是加强流程再造，包括 IPD、精益生产、MES、ERP 等信息化。先固化制度再优化，将企业显性知识与隐性知识结合，形成适应市场动态的因子，一步步地推进企业的管理提升。

五是注意沟通与处理冲突，对原则性问题可以坚持解决方案；对错误的思路要予以承认并调整；对不确定的问题予以回避或者事后解决；对非重要问题以配合为主；对非紧急问题予以充分了解后再提出解决方案；对事关他方核心利益或工作的问题，以全面利益为主，要有牺牲部门或个人利益的宽容大气的解决思路。这些都是部门或子公司领导人、领导团队待人处事的原则和方法，也是团队建设的内容。

六是进行培训，在制度、专业、专项上，让员工养成提升自我的理念和习惯，要花时间和精力，不断训练下属，直到形成企业战略思维和文化素养。

七是形成部门文化，在总的企业文化下，形成具有部门专业特色和管理特性的亚文化。培养适应战略发展的人才储备、梯队、成长、培训、组织自调整、自适应、可自控、不断根、枝相连、向下深入、向上拔节的具有充分战斗力的人力团队。

人力体系建设必须以终为始，以客户需求为出发点，以人性发挥为手法。发挥交付、服务、专家、自身能力，提升 HR 四支柱的力量，从管理思维走向经营思维，充分调配资源，方能布局未来，推进战略的不断发展变革。

战略与人才

企业战略指企业总体规划，包含三大曲线，分别是市场、人才、核心竞争力。这其中，人才曲线是战略能否成功的关键。人才是公司最宝贵的资源，战略的形成及执行都需要人才，战略的提升及实现也是由人才来决定的。

因此，战略与人才是企业管理中的最核心问题，而人才管理策略最重要的是实现差异化。

战略的目的在于创造竞争优势，以创新方式为顾客源源不断地带来新的价值，持续竞争优势又是获取利润增长的坚实基础。因此，差异化人才管理策略不仅能帮助执行战略，而且由于其差异性，在波诡云谲的市场竞争中，更加不易被对手模仿。

为了更好地促进战略执行，企业需要有哪些具体的措施呢？

首先，对人才的投资需要向特定的职位和员工倾斜。

企业在战略执行中，首先要明确哪些是战略性岗位或职位，再进一步讨论人才问题。虽然企业中所有职位都有价值，但不是所有职位都具有战略价值。具有战略价值的职位是指能向客户提供竞争对手难以模仿且可持续的价值的职位。

对于国际一流物联网战略而言，其战略价值的核心内容为：1. 工业物联网应用项目价值落地；2. 传感器在激烈市场竞争中保持毛利率上升；3. 物联网平台构筑（如大数据云计算、工业软件、产业创新体平台和其他物理量传感器）；4. 物联网相关项目的投资和并购重组。在这个核心战略地图下，其对应的核心 A 级岗位包括：1. 事业部经理或子公司总经理；2. 市场调研经理和出色的物联网价值发现者；3. 产品经理；4. 投资并购经理。这四个职位是柯力公司战略核心职位，对于柯力公司战略发展有着重要作用。而传统的销售经理、采购经理、研发人员、质量工艺人员等则处于 B 级职位。因此，一旦战略明确后，事业部或子公司经理、市场调研经理、产品经理、并购经理是急需引起企业重视并重点招聘和培养的对象，是人力资源工作的核心和重中之重。在战略与人才结合的过程中，直线上司的核心工作是人才管理，HR 经理承担连带责任。

在战略人才的来源上，内培与外招是最重要的两项策略，当然，还有在并购以及各类合作过程中发现的人才。不管如何，公司中高层管理人员和 HR 必须熟稔战略地图布局，才能在人才战争中运筹帷幄。公司中高层管理人员和 HR 必须要有清晰的战略意识，有稀缺人才资源紧缺意识和人才挖掘、培养的潜在意识，必须时刻想着按照战略布局去引人、育人、用人。

公司中高层管理人员和 HR 关注的战略人才管理实践应包括人才甄选、能力发展、绩效评定与激励、人力资本规划等。在战略版图中，要判断战略职位、现有人才、行动纲领、实施途径、人才梯队、评估与储备，随时了解战略人才变化；在人才来源和选择上，要建立战略人才长期招聘的理念，不受名额限制，战略人才多多益善；在人才的梯队建设上，要有 B 级人才和综合性岗位的潜在战略人才的储备、培训机制，如总经办、业务员、运营管理人员等；在招聘录用上，要建立创造性薪酬激励机制以及基本薪酬之外的各类创新收入奖励、内部成本基金奖励、战略价值发现奖励、业绩超额奖励、股权激励奖励，而且奖励不设封顶，以激发战略人才的极大创造力；在人力资源规划上，要在财务性销售和利润增长要求下，结合战略方向，找到 A 级战略人才和 B 级人才的资源分布，确定招聘及内培方向，具体方式有与猎头合作计划、子公司总经理培训计划、日常战略人才观察与培养计划等；在人才战略的工作设计中，突出战略增值方向及资源配置变革，确定容错机制及纠偏点，最终回归以客户为本的战略思路。

其次，在战略人才资源管理上，与传统人力资源管理呈现相当明显的差异。

第一，要关注公平的激励政策，提升业绩衡量差值，而非平等的薪酬方案。要有足够的激励、赋予动力，让更多 B 级或后序级别员工朝着战略人才方向努力，也确保战略人才充足，增强企业竞争优势。

第二，要有良好的培训及资料发放体系，保证战略人才能够充分理解企业战略，明确了解怎样去赢得市场，让战略人才对战略的执行力超越一般的业务、研发、管理人才，尤其要时刻保持战略价值市场发现点及敏锐度。

第三，要按照企业文化特征去招聘、培养理想的人才。必须在恰当的时候将恰当的人才放置于恰当的位置上，利用甄选手段让有潜在战略价值的人脱颖而出。

第四，不能在薪酬体系上实行普惠政策，要把薪酬提升的重点用于战略人才建设上。要大幅度提升差值机制，促进人员分流或淘汰。战略性人才绩效与薪酬不能与人才市场平均收入水平持平，而要从柯力公司长远的战略发展视角来做出战略部署。

最后，人力资源管理者要创造出价值，必须突破传统的人力职能视角的局限，真正将战略和业务作为人力资源工作的起点，建立由外而内的思维。

在公司“国际一流物联网”战略和“让设备充满智慧”的企业使命旗帜下，企业高层和 HR 经理的工作内容包括物联网市场计划、价值落地、订单增加、产品创新、利润涌现，确定战略性职位，评定在职人员级别、选拔及招募战略人才、调整面试战略题库和建立新员工入职资料，跟踪入职后每一个周期的工作总结，制订战略和领导力课程培训计划，设立 BSC 和 KPI 指标，并就 KPI 指标完成途径和资源配置、权责利分配进一步确定等。

在人才管理策略实际应用过程中，中高层经理和 HR 经理应保持沟通与坦诚交流，适度增加资源配置和调整指标，设计好后面一到两年整个事业部、子公司、产品市场发展体系的准备和人才激励政策包括股权政策。按照"八二原则"紧盯 A 级战略人才，并将其放置于战略岗位不断打磨，从而推进柯力公司的物联网人才战略走向纵深。

全体中高层经理和 HR 人员应该深深意识到战略人才是公司制胜的关键。

投资策略

企业发展离不开扩张，扩张又可分为内涵式增长和外延式扩张。在这两种扩张方式中，投资有着重要的意义，它不仅是外延扩张最重要的途径，也是内涵增长的加速器。由此可以推出，在目前的物联网发展过程中，柯力公司投资重点的制定应遵循以下策略。

一是坚持战略定力的产业布局。

要沿着传感器＋物联网的产业布局，重点投向各种物理量传感器（源自物联网应用场景的需求），测量、测试延伸到物联网应用场景，工业装备走向智能化或通过边缘计算逐步到达物联网、物联网平台（含人工智能）技术型公司、海外传感器和物联网企业。同时，产业布局还需考虑产业园区中的产业链分布，根据现有材料、传仪、模组、通信、设备、应用、集成、平台、服务横向的节点和重点行业（如智能设备类的工业机器人、自动化检测设备、注塑机、计量测试行业设备），重点打造物流行业中涉及快递、中转货站、仓储、货车、港口车站、叉车、搬运车等不同场景所需的智能物流设备、车辆管理系统、物流管理系统、无人售货、无人货柜、物流园区智能管理、物流分拣系统、物流设备在线检测系统等不同类别企业，包含 3D 视觉监测、AGV 搬运机器人、叉车和货车载货测量、体积和重量检测、设备在线故障分析及配件配送、车辆安全管理和物流仓储测量、智慧门店自动收发件系统等新型行业企业。重点打造工业设备中不同传感器、模组、通信技术、软件、PLC 或 DSC、机器人或机械手设备改装、应用服务、远程维护及在线监测、非标设备改装等智能装备行业。

确定重点行业布局后，沿着横向的节点找短链，沿着纵向的场景找补链，根据市场的需求找强链，沿着技术轨迹找深链。投资策略就成为短链、补链、强链、深链的核心手段。在整个战略布局中，要做到有的放矢，既要让投资企业与公司自身、产业园区企业形成战略支撑，又要让投资企业成为客户链或供应链的一环，成为补链、强链的关键点，激活整个产业中的资源，促使资源的整合从量变到质变，志在打造产业生态与资本投资双融合，志在构建产业桥梁从而打通上下游或平台的关键节点，形成一招棋满盘活的投资策略，使投资从一开始就有明确的方向和精准的目标。聚焦战略产业布局，使招商有方向，能够集中于战略产业上，做到弱水三千，只取一瓢。

二是坚实战略投资的资源融合。

在业务线上，重点推进国内外所有区域的销售融合，从已有的客户、已知的行业入手，梳理现有客户区域，找到延伸的客户群体，同时启动市场部门的调研，充分理解、领悟投资对象的客户需求。在实际工作中，要做好产品手册和视频资料，导入营销策略和激励政策，切入客户痛点，建立双方的市场推进协调机制，定期开沟通会议，并且充分利用柯力公司现有的物流、服务、仓储资源为投资企业服务。

在供应链上，利用柯力公司现有的厂房、机加工、PCB 生产、检测、实验等资源，向投资对象开放，并比较双方共性物料采购渠道和成本共享供应链,选择性价比更高的新物料和供应商。

在研发线上，开放所有软硬件，如多种物理量融合、动态算法、防爆防雷防水防腐、无人值守等技术平台；在人工智能技术上，包含图像合成、人机对话、人脸识别、大数据分享等平台；在通信技术上，包含 5G、工业总线、多协议、网络操作等平台；此外，还包含低功耗、接口保护、机械结构、自补修自调整软件补偿等技术平台。借鉴投资对象的已有技术，共同形成多维度、多应用、多融合的研发资源平台。

在管理上，共享股权激励、人力资源创新、精益生产以及 MES、ERP、APS、PDM 信息化、IPD 工程等。

在资金上,筹划上市公司的融资和集团资金管控的综合运用。

在财务上，运用综合性的财务管控模块和审计功能，推行财务体系信息化和量本利分析,体现财务规范和税务筹划,最终创造财务性价值。

在资源融合过程上,遵循先易后难,先见效后克难的原则,要把双方的资源整合作为投资责任，同时要善于了解并充分掌握市场的需求，结合供需要求和双方的现状,通过有限的投入,实现双方资源融合后的提升,守正用奇、点石成金,实现少部分投入撬动多方的管理提升和效益溢价,从而呈现投资的乘数效应。

要促使资源实现更充分的共享，在销售收入中体现资源的边际收益增加,达成双方合作真正收益,也为员工收入增加和公司发展奠定基础,为公司的市值管理提供广阔的空间和想象力。

三是坚定执行照顾彼此的核心需求。

投资是双方的需求、诉求相互满足的过程,这需求、诉求尤其表现在核心利益上。在双方的沟通过程中，一定要深入了解合作对方的真正想法和深度要求，由浅入深、坦诚交流，表达最关切的意愿，针对诉求找出解决问题的思路、方法。

在合作上，要有逐步稳健推进的方法，包括 OEM、ODM、产业园区入驻服务、业务合作、联合研发、销售分公司、合资参股或控股公司、投资对方母公司等多种方法。

在估值上，一般考虑对方目前的财务情况、核心竞争力、两到三年的业务规划，据此给出合理的估值。要注重服务与要求、投入与产出、费用与收益、双方付出和收益的平衡，既可以在合资公司给予对方资产股份和经营收益奖励、期权激励，也可以给予上市公司的股票和未来的业绩增长收益，还可以给予被投资方母公司并购或者参股估值更高倍数的回报。既要对合作经营中好的业绩给予充分的估值激励，也要考虑合作经营不好的情况下，双方要承担的责任和退出机制。

因此，投资和经营协议在洽谈过程中要特别注意以下几点：一是明确各种利害关系，坦诚交心；二是对可能会遇到的困难想多点，同时准备更多办法；三是守正用奇、变革创新、攻坚克难、携手共进；四是求同存异、和而不同、管控分歧、进取创新，争取到市场中把蛋糕做大并且建立合理的分配机制；五是对自身要求不断提高，要适应新公司和新伙伴的要求，尤其是应当承担在协议中明确的责任，如完成销售额、约定研发产品投产、各类资源的共享，要以事实作为依据，用业绩兑现承诺，将自己的资源毫无保留地赋能于投资对象；六是运用生态系统思维，不能将资源仅作为公司一己私产，而是要考虑园区几百家企业共同的供给与需求，链接于投资对象，把投资链对象镶嵌于产业生态系统，通过物联网横向八个节点和纵向多个行业的强链、延链、补链、深链，让投资方找到自身上下游供应链、市场链、产业链，从而实现价值链最完全化，实现双融合和双循环，逐步使合资、合作公司在产业园区发展壮大中发挥示范性、榜样性、带动性作用。即使投资有较高代价，也应考虑到产业园区的整体发展和产业壮大，敢于为形成不断深化的、有特色、有作为的工业物联网产业园区而投资。

四是坚信投资就是以人为本，且双方共赢。

桃李不言，下自成蹊。投资的过程，首先是挑战自己、战胜自己的过程，也是不断检讨自己、提升自己的过程。每一个投资项目都要求投资部门和市场部门对行业壁垒和行业的成长空间、技术发展趋势、管理层思维、企业文化等有深入了解；要求投资的协议符合国家法律、法规和财务审计规范要求等；要求洞察人性，对合作方深入了解；要求双方资源协同和配置优化。

其次是投资最终必须注重团队文化，包括团队的想象力、执行力、创新力和利他性，特别是确定投资对象的总经理，必须要有强烈的市场直觉，贴近客户，洞察客户需求，明确客户发展方向。合作中，要以市场来引领合资公司的发展思路，以良好的沟通来寻找双方资源点的创新、创造，以博大的胸怀来处理双方的沟通与冲突，寻求解决问题的思路。

再次是努力谋求和合作伙伴的共同进步。投资是双方一同经营的事业，也是双方共同成长的途径，只有一方成长或付出都是不正确也是不公平的，在自身不断成长时，要找到彼此共同成长的途径与方法，如共同的沟通平台、定期交流、定期会晤，形成共同的企业文化、共同的价值观，一起面对市场波动、一起面对困难，彼此信赖和鼓励、彼此帮助和依偎，建立共同的愿景和相互信赖的关系。在投资过程中，收获的不仅仅是利益，还有真正的伙伴。

最后，投资要以人为本，在尊重双方核心利益这一点上，必须有一致的方向，在利益发生冲突时，必须有解决的智慧和能力。在投资前，一定要充分考虑到万一投资失败或双方合作不成功，各自的退出机制和条款，也可考虑分步实施、稳步推进的不同结果，实施不同的合作方案。在投资后，必须全力以赴，以业绩为准绳，定期商量和检查，不断自我总结、批评分析，倾听合作伙伴的意见，释放产业生态和公司各方面的资源，并加以落实、执行到位，推进双方合作在磨合中前行，实现投资创造新的价值，这才是柯力公司投资的真正目的。

干部管理创新

战略选择确定之后，公司的发展状况好坏，干部是决定性因素。柯力从传统制造业走向工业物联网，从自身积累增长到投入资本运营，从单家企业运营到集团化再到产业园区生态建设，从有限责任公司到公众企业，尤其是近三年物联网战略实施和上市，对干部的管理提出更紧迫、更关键的创新要求。

一是全面提高干部任用标准。

由于传统业务增长的空间有限，新的市场又存在不确定性，柯力公司步入上市企业行列后，股东对业绩增长的要求必然更高。这些情况就使得企业对干部的要求也相应提高，特别是以下几个方面：在专业领域上，急需从传统产品走向工业物联网；在产业链上，需要从核心元件延伸到下游的设备制造和解决方案；在管理广度上，需要从部门负责人到独立公司经营；在管理深度上，需要从顶层设计上考虑销售收入增长和利润增速；在资源配置上，需要协同公司各个部门进行资源的优化配置和集团公司的资源有效供给；在技术开发中，需要全面推进IPD工程和新的平台技术嫁接（如人工智能、大数据云计算、工业软件等新技术）；在市场开拓中，必须要投身一线，发现新的商机，挖掘新的需求，制订新的销售规划和竞争应对措施；在内部挖潜上，要平衡成本控制和员工日益增长的物质、精神需求；在投资领域上，需要结合产业链延伸和自身短板，寻求机遇，与集团投资部共同推进子公司或事业部招商投资。

综上可知，在战略转型的道路上，干部必须做到以下几点：高站位；深切领悟市场需求；直面竞争压力；透彻贯彻战略下各项战术运用；更严更紧地要求自己；高瞻远瞩。在工作中，既要充满危机感，又要保有必胜信心，怀揣信念、责任、理想，负重前行。总之，要站在建功立业的高度，以积极心态，直面人生新高度下新的起点和要求。

二是全面拓宽干部的胸怀境界。

众所周知，王国维曾总结过人生的三境界：昨夜西风凋碧树，独上高楼，望尽天涯路；衣带渐宽终不悔，为伊消得人憔悴；众里寻他千百度，蓦然回首，那人却在灯火阑珊处。这也可引用为管理的三境界。无论是面对乘风破浪的后辈、多年跟随的下属，还是新的投资招商合作伙伴，一名合格的干部必须坚持严于律己、宽以待人；必须懂得将战略布局置于个人一时得失之上；必须身先士卒，在市场和现场一线制订满足并超越客户需求的决策。

作为中高层干部，是事业部、独立子公司、部门负责人，也是人力资源管理第一人。其首要责任，是打造一支具备强大战斗力的团队；其核心任务，是识人、用人、育人、淘人。要有广阔的胸怀，接受并乐见青出于蓝，要有和而不同的心境，让下属与自己教学相长，能够超越自己。要有知人善任的能力，和扬长容短、扬长避短的气度。要有不断学习、不断进步、少说多干的带头作用，在潜移默化中影响他人。

在实际工作中，懂得逐步放权和分权，建立周全的权责利体系，部署清晰的人才梯队和储备计划，抓住KPI的销售收入和利润指标、人力培育和成长指标，放开细节上的问题和非原则性冲突，重点以业绩突破和沟通有效为目标，实施满足市场要求的策略，推进与销售收入快速增长相匹配的核心人才培养计划和团队蜕变奋进规划，实现奖罚分明、公平、公开、公正的团队奖惩措施。干部要以自身不懈的努力，不囿于舒适区，不断自我变革来获取团队进步的空间和持续的战斗力。

三是全面提升干部的人才危机感。

企业发展，归根到底是人的发展。所有的管理人员，尤其是中高层干部和人力资源管理部门、总经理办公室人员、技术管理部人员，必须树立人才优先的工作方针，要时刻牢记："没有人才一切归零"。

争抢人才，就是争抢发展的机遇。在具体人才工作中，要改善招聘环境，注重细节关怀。如：对于面试人员来回的差旅费，由公司人力资源部负责提供报销；来回公司接送，由行政部负责；若有住宿及用餐，按重点客户接待标准执行。充分尊重和善待面试人员，所有这些费用可以预算外开支或以直接预算由人力经理负责审批。在面试时间的安排上，要由人力部至少提前一天通知面试团成员，准时开始，体现以人为本的面试文化。面试当天，安排大厦一楼接待等候面试人员，重要岗位的面试人员一律由人力部内部主管级以上干部在一楼等候，并于面试前陪同参观六期展示厅及博物馆，以便面试人员了解企业文化。在面试过程中发现优秀人才，应当迅速沟通，尽快敲定其来司上班时间。如果面试时各类要求无法达成一致时，应由面试最终负责人当场拍板决定，如需向上沟通则需在面试结束前五到十分钟商定，由人力部全力跟进，努力争取优秀人才。面试未录用人员，除了人品瑕疵、价值观不符、能力较差外，其余归入面试人才后备库，以便后续调配。

在人才使用中，要改善考核环境，取消离职指标（生产一线除外），取消招聘条件准确要求，取消人力资源招聘人员数量等固定静态概念，加强人才培育、发现人才奖励，加强人才调岗建议奖励和完善集团内部轮岗体系。加强人才成长、引进的 KPI 考核和竞聘上岗制度建设。

要改善用人环境，具体措施有：对员工提出的各类合理要求及建议全力监督落实；对优秀的人才应给予及时调增薪酬、调配更多资源、放宽其调动资源的权限；对业绩好的人员给予股票等物质奖励和公司各项荣誉等精神奖励；对于员工调岗、轮岗的要求，应在半年内满足；保护好员工积极上进的心态；不断更新公司核心人员的薪酬、作息、股权激励、住房、车辆、子女就读等各类政策；塑造宽松的环境，尤其是在研发、业务、管理创新思路上，鼓励尝试、允许失败。

要树立抢夺人才的重要意识和危机感，就要放眼未来、放正心态，把人才引进、培育、留用作为干部工作的首要任务，这也是事关未来发展的最重要工作，亟须抓落实、落地。

四是全面加强干部的人力资源管理创新。

首先要放开数量、控制质量。在人员数量上放开，是指重点岗位的招聘，如研发、业务、产品经理、事业部经理，招聘时可以不受数量限制，可以同时录用多人，作为其他部门或子公司人才储备。但是，要严格背调，人才必须与企业文化价值观一致，人品正直、人性善良，具备积极向上、锐意进取的态度，并且具有一定的专业技能或管理能力。同时，要加强试用期引导及每周谈话沟通、每半月总结与观察，及时提醒并有效解决其试用期间遇到的问题，加强转正前一个月到半个月的全方位立体分析梳理。对有一定疑问及争议的人员，可以延长一个月试用期，再决定可否转正。同时，对于懒散、不求上进人员，包括老员工在内，在多次劝说提醒和培训后仍无改变的，则坚决淘汰。

其次是放手创新，变革开放。管理人员要抓工效提升，把减少的管理人员的薪酬，至少一半以上用于新增工作量管理人员，并再奖励部分提出流程优化和信息化组建的管理人员。在人员招聘中，对母公司、子公司招聘协同的人力资源管理人员给予奖励，对公司重点核心岗位的任职人员要避免直系亲属关系。要建立“引才奖”，提升一次性奖励金额度，加快人才引进速度。在人员考勤与作息上，当日晚上加班至十点以后的人员，第二天上班时间可以延迟一个小时。在完成年度销售、利润、研发核心任务后，相关人员有一周的带薪休假。人力部自身首先要变革，要有阳光的心态、职业的精神，要以柯力公司形象第一人的定位去迎接新人，提升人力资源管理水平。

再次是放宽标准，以业绩为主。在人力部招聘费用及预算上，由人力部经理决定年度培训和招聘费用，包括在总经办和市场部的协助下提升招聘海报、手册和网站的制作质量，专门设立储备人才培训经费体系和学习基金等。这些费用可进入人力资源预算体系，直接报销。各部门负责人应不断提出有关本部门或公司管理的创新内容，柯力公司以创新基金或提案方式进行人力资源激励，尤其是对人力资源管理创新，包括引进、培育、留用等具有重要意义的建议、提案、基金，可以延长一年奖励期限。

最后是放低身姿、拥抱变革。管理的本质之一是顺应人性、人心，理顺流程，打造优秀的团队。柯力公司的文化核心是成就客户，为客户创造价值。其次是服务员工，不仅仅要在工作环境、吃住行等方面为员工带来更多便利，更重要的是在柯力公司发展平台上为员工带来更多成长和进步的空间，更快地促进公司发展，创造出更多的子公司和事业部发展的机会。要给老员工更多高质量、有针对性的培训和锻炼机会，给新员工更多的行动和思想空间。要面向未来，及时清理固定成本和沉没成本，转向人力资源的边际成本和边际收益管理，把人力资源投资作为公司最重要的投资。

帮助每位员工成长，是干部管理创新的核心工作。帮助每位员工制订职业生涯规划，是干部管理创新的重要标志。必须要建立强大的人力资源管理机制和平台，从而提升干部管理绩效，开辟出企业发展的新道路。

走向物料、物流物联网

柯力和科杰的合作是基于工业物联网背景的，这一合作是对传统衡器行业转型升级道路的探索，也是柯力物联网战略落地应用场景的举措。我们带着共同的使命、战略、文化、情感去不断探索未来物料、物流物联网的道路。

首先，是加强战略上的协同。

根据双方确定的物联网战略，从无人值守、一卡通物料现有客户需求的再次挖掘和产品再次完善出发，通过每月收集用户来访、走访信息和业务员、市场调研人员与客户的沟通，寻求公司存在的短板和客户的潜在需求。根据新的价值生长点，做出整个战略上的布局及协同。同时，以市场需求引导制造新发现，逐渐退出传统衡器市场，关闭衡器制造车间，去秤台化，以数字技术为核心竞争力，在建立称重云平台的基础上，将大数据分析应用、设备远程服务、在线检测作为未来的战略支点。

柯力和科杰合作后，要把衡器厂家变为供应商，通过提升产业链知识性服务和技术性创新、扩大投资性外延，来提升产业链的高端化和盈利能力。其发展途径是从制造走向服务，从产品走向系统集成，从称重走向物联网，尤其是整个物料物流过程中涉及车载、防作弊、人脸识别、图像集成、自故障分析、大数据平台、3D 工业相机和工业机器人、体积测量、叉车改造、AGV 搬运、人机对话等新产品、新技术，要将柯力目前的工业物联网五部、九部和柯轩公司已经研发的或正在开发的产品和技术，进行嫁接融合。通过质量抽验、拣重分选、物流仓储冗余分析、与 ERP、MES、APS 等对接系统，再运用自建事业部或研发、ODM、投资并购等途径，来实现整个物料物流的在线检测、远程运维、防作弊、在线计量、物料收发存、质量检验、仓储自动化等，以达成减少人工成本、准确提升物料计量、优化物料周转效率和信息化、提高用户成本管理水平、减少损耗等目标，真正为终端用户带来更大的价值，解决用户的痛点需求，为行业重新定义、行业生态建设和创新发展杀出一条血路，为行业发展提供柯力 + 科杰样本，以坚定不移的去秤台、去衡器化经验提供一条传统衡器制造企业的转型升级之路。

其次，是加速文化上的适应。

要秉持成就客户的理念，一切为了客户，要形成每月一次的业务员总结报告，重点反馈客户需求和将公司资源聚焦于业务体系；形成每月两次的客户服务中心会议，从质量、交货期、服务、成本等维度检讨公司的管理；形成每月至少一到两次的老客户走访、回访体系，深挖需求、改善服务；形成柯力公司核心全员指标面向订单和销售收入、面向客户满意度的考核制度；形成对新产品、新客户的奖励体系，重奖对销售收入和毛利贡献突出的业务员和发现新市场、新行业的员工。

要形成订单作业跟踪和推进机制，运行 APS 排产顺序，建立常规物料合理存量和外协产能预防机制，建立外协秤台加工国内衡器企业名录和检验流程，建立服务规范和物流成本控制体系，创建交货瓶颈预案和研发 IPD

工程，建成项目制奖励体系和集团公司资源共享体系，设计边际收益和边际成本体系，构建成本最佳方案。既要不断发现和满足真正超越客户的需求，又要打造强大的核心竞争力，以应对市场竞争。

要秉持服务员工理念。要坚持柯力公司发展成果与员工共享的思路，尤其是在股权激励上，让做出优秀业绩的员工分享红利；坚持以人为本，在订单和项目运作中，不断锻炼、培养一批人才，提拔、重用一批客户满意的员工；坚持提前两到三年进行人力规划，依据战略布局，筹划未来人才需要的部门和专业规划；通过内培外招、储备、集团共享、外部资源协同等方法建立人才储备池和梯队，通过员工职业生涯调查和轮岗、调岗、定岗交期流程，把合适的人才放置于合适的岗位；通过 KPI、BSC、创新基金、360 度评议，形成人才评价和差异化薪酬体系，形成“能者上、平者让、庸者下”的淘汰机制；要容许试错创新，进一步梳理权责利分工体系，要让每一个得到“枪炮”的业务员发挥更重要的作用；要形成人力资源管理“高、容、抢、变”，提升干部的任用标准，拓宽干部的胸怀境界，增强争抢人才的危机感，提炼干部的创新意识；优先安排人力部的经费和培训基金，设立荐才奖；采用面试团集中面试、集中拍板，取消招聘数量限制，建立人力部、业务部、研发部冗余人才的储才池；落实干部年度考核中对提拔和帮助下属成长的奖励指标，满足员工调岗要求；在薪酬调整上，以 KPI 指标为基数，根据不同的业绩建立不同的调薪标准；在福利体系上，逐渐上调餐费补贴和生日、结婚、生育、吊唁金等的标准，建立员工专项体检和职工卫生健康体检等福利体系。

再次，是加快管理上的资源共享。

在服务客户的基础上共享业务信息，利用集团资源，共享秤台供应商和服务，建立战略供应链和集团总公司与供应商的易货贸易联系，减轻子公司的资金压力，发挥集团在郑州、沈阳、河南、重庆、广州多地物流中心和石家庄、长沙、兰州、深圳多地服务驻点的作用，发挥集团物联网在佛山、成都、西安子公司的制造、现场服务和社会人脉关系。

在产品和研发管理流程上，建立双方共享的技术平台和产品目录，对已有的产品和技术通过中试和试用，缩短开发周期。对拟开发的产品和技术，建立合作立项书，明确双方分工、责任和进度、成本，共同推进产品研发，同时运用 IPD 工程，让业务、市场、采购、品质等部门共同参与，并给予一定的激励。

在采购供应链流程上，通过共性物料的共享来降低采购成本。独有物料要学习双方的管理经验，取长补短。新产品物料的采购在立项或结项时，双方要不断介入，并提出建议。在供应链战略上，形成交叉共建模式和材料替代体系。

在产品检查上，相互借鉴质量管理手段，取长补短，利用集团总部三十多个实验室，进行材料分析和新产品开发中试。建立 VE 价值工程体系，为生产性价比最佳的产品奠定基础。

在投资管理上，要倾听顾客的声音，针对市场竞争，检查产业链上的短板，运用产业园区招商和总公司投资的手段，对补链、强链的项目再次进行兼并重组，让新投资项目成为物料物流物联网中的重要节点。巩固产业链产品优秀供给和核心竞争力，让双方资源汇合，使第三方投资资源产生乘数、倍数效应，推进物联网战略落地。

最后，是加紧产品创新。

面对激烈的市场竞争，产品布局一是要考虑集中成本优势，重点抓好采购体系上的成本控制、财务体系上的资金调转、销售体系上的费用合理、管理体系上的研发投入。

二是考虑提升产品性价比，尤其是功能和品牌上要坚守质量第一，结合集团公司多物理量传感器、防作弊技术、传仪差异化、图像识别物料、车牌识别三维工业相机、体积测量、自故障判断、大数据云平台、远程服务等物联网产品，结合拣重分选、AGV 搬运、人机对话、5G、无人货柜等已投资或即将投资的产品和公司平台，如，再融合目前集团公司的不停车检测、车载、叉车称重改造、港口集装箱计量等部门和子公司，一并为物料、物流物联网产业链串联、强链，形成在老客户或未来订单中某几个功能强大并呈现差异化的核心功能，最终有别于其他市场竞争对手，进而赢得订单。

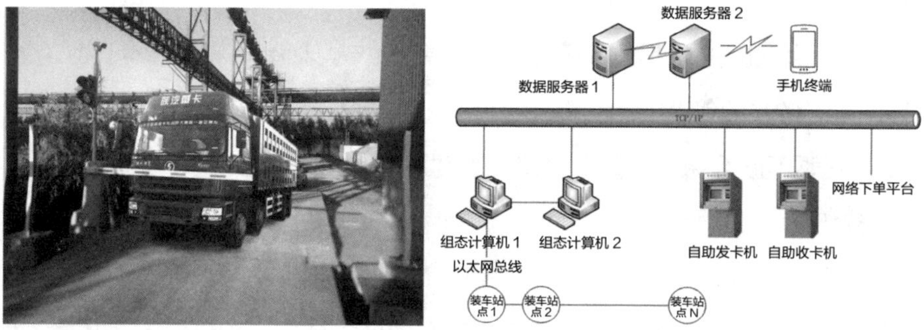

无人值守一卡通

三是打造未来科杰 + 柯力合作的拳头产品，根据市场需求、新产品的迭代开发，重点深入仓储自动化和防作弊、大数据体系，深入在线服务和自故障检测，深入车牌识别、物料识别和工业网关应用，深入客户内心真正需求的解决方案和软硬结合的产品体系。

从称重入手，走向物料、物流物联网，是双方合作坚定不移的战略方向；从服务员工出发，走向成就客户，一切以客户为中心的企业文化，是双方坚持不懈的文化导向；从人性入手，走向管理精细化、规范化、创新化，是双方坚守的管理创新之路，也是行业开拓转型升级的道路。

路漫漫其修远兮，吾将上下而求索！尽管前路艰难困苦，但我们一定会坚韧不拔，向前迈进！

打造飞地经济的运作思路

飞地经济是区域经济发展的一种新形势，其载体是园区、基地等。飞地园区模式主要是为了解决两个问题：一是提供园区的跨区域复制路径；二是实现资源互补，最终实现技术共享、资源共享、市场共享、人才共享，最大程度调动所有资源投入园区建设。这也是近年来多城市、多产业在探索发展的经济建设模式之一。

对标粤港澳大湾区科技创新的核心引擎——深圳和中部地区科技创新的核心引擎——武汉，在数字经济和科技创新产业，宁波市可以与两地以飞地园区建设为载体，形成企业主导，企业、政府共建的一个市场化、专业化、链条化的园区。这一举措，对宁波与深圳、武汉两地增强科技创新创业氛围、挤占创新创业空间、吸纳创新创业资源具有至关重要的作用。

飞地建设可以以企业市场运营主体为核心，在数字经济飞速发展的背景下，市场正逐渐形成从研发设计、生产制造到物联网应用及服务的完整产业链条，已实现从单纯制造业向制造服务业，从产品经营向平台发展的多项成功转型，现拟打造宁波市（深圳）创新中心和武汉数字经济创新园区。

关于飞地园区建设的相关思路如下：

一、飞地园区建设目标

飞地园区的建设目标是打造产业资源聚集平台，汇聚最优质的创新资源及产业配套资源；打造以市场运营主体为主导的工业物联网产业资源聚集地；打造产业展示与形象推广平台、产业链协同创新平台；促进两地企业家的前沿技术交流、人才交流、联合技术攻关、项目合作、资源共享，创新孵化加速平台；联同产业资本、政府引导基金，助力科技成果转化和创新培育；产业转化平台；以创新中心为基地，将深圳、武汉等地的科研成果引入宁波市，实现产业化发展。

二、基本运营方式

采用“一园两区”的架构，把深圳宝安、武汉江夏两个园区分别作为宁

协同创新基地——蜂群产业社区

波现产业园的两个分区进行管理运营；采用“一中心两平台”的模式，将其既作为宁波在深圳、武汉的产业创新平台，又作为宁波在深圳、武汉的创新服务平台。

（一）由第三方专业运营公司进行孵化中心的管理，并分别负责对接深圳、武汉有关部门，为飞地园区配套当地政府相关的扶持政策。

（二）产品围绕产业定位，通过组织行业论坛、创新研讨会、技术沙龙、项目路演会、学习方案、高层次人才对接会、校企对接会等形式，对接深圳创新企业、专业人才以及优秀技术成果。

（三）围绕传感器及物联网垂直应用细分领域，构建产业集群，吸引传感器、人工智能、大数据、云平台、行业应用等优质企业入驻孵化，打通产业链。

（四）对小微企业提供产业链、平台、投资等生态环境，对成长快或投资的企业，则在宁波设立分厂或销售公司，形成宁波产业化发展。对在深圳、武汉直接投资的企业，则汇聚于飞地园区，培育其成长，并共享宁波资源。

工业物联网小镇一角

对投资的较大规模企业，则直接实现在宁波的产业化。

三、相关政府支持诉求

（一）邀请宁波市招商投资促进中心驻深圳招商引智联络处入驻创新中心合署办公，中心提供一定面积的物理空间，此地一作为驻深圳联络处的办公场所，二作为宁波市的形象展示空间，三作为孵化落户在宁波相关企业的定期联络站。

（二）市场运营主体将以宁波市（深圳）创新中心和武汉数字经济创新园区为基地，打造一所面向企业家、政府人员的培训学校，每年可以举办相关培训和活动，希望争取到市、区政府一定的活动经费支持。

（三）对办公研发在深圳、武汉，落户在宁波市江北区的企业，请市、区政府将其视作本地企业。和落户在园区的企业一样，给予相关税收优惠政策，并同意将两家飞地园区企业的相关数据汇总到宁波柯力公司，使其能够优先享受招商、人才、经信、科技等相关政策。

（四）市、区政府对在深圳、武汉委托高校定向培养的全日制本科及以上学历毕业生，给予区内有关政策。

（五）如果先期租赁深圳宝安、武汉江夏等地方作为载体，请市、区政府按照实际支付租金额度给予一定的配套补助。如果购买物理空间，请市、区政府对入驻飞地园区的宁波市或江北区注册企业给予一定的租金补助。

（六）共同成立的产业基金享受市、区有关产业基金政策。

四、未来发展

（一）以飞地作为桥梁，联通两地的资源，为宁波的产业园区源源不断引入项目、技术、人才和投资资源。

（二）投资深圳、武汉当地具有一定规模的企业，可以作为集团化管理依托和区域总部。

（三）与深圳、武汉当地具有研发或销售优势的企业合作，可以作为集团 VC 或孵化发展方向，一并纳入飞地建设。

（四）飞地建设既要为企业集团化及战略资源服务，又要为宁波和当地产业聚集发展服务，因此务必做好资源配合、优化和创新发展。

柯轩工业机器人发展

智能制造工业机器人是柯力公司物联网战略三条主线之一，也是未来三年重点发展的战略性项目。柯力公司对宁波柯轩智能科技有限公司的工业机器人发展有以下几个规划：

一是做好顶层设计，为三年战略规划提供方向。

柯轩公司确立的使命为从生产线上解放人类劳动；愿景是成为柔性智造业领军者。柯轩公司以 3D 工业相机、3D 机器视觉光源、3D 机器视觉控制器、OEM 镜头为核心零部件，结合软件，走向系统集成设备，最后归于新一代柔性智造生产线整体解决方案。

除了 3D 视觉相机和附件光源、镜头外，在物流行业中，重点销售复合 AGV 机器人中的多轴机器人及叉车 AGV 等；在纺织服装行业中，重点推广自动换纱及接纱线机、成衣装箱系统、花边激光切割机、鞋服穿帽机、花边包装机等；在 3C 行业中，重点营销电子零部件贴合系统、玻璃转型视觉筛选系统等；在制鞋行业中，重点收入鞋底自动喷胶机器人、自动制鞋缝纫机等。

尽快在四个行业细分三十二类产品中形成上百个型号的工业机器人，形成标准版、行业版、定制版三大产品版本；形成以 3D 工业相机为基础、以行业应用场景为主导的产品体系；形成现金流量类附件产品、自主研发类利润流产品、批量性机器人成本性产品、技术创新类柔性智能机器人；形成重点集团化客户、新行业新场景应用性客户、3D 工业相机客户和集团公司内部客户等体系。

二是打好管理基础，为持续发展提供保障。

在业务管理体系中，安排零部件销售人员一到两人，六大行业细分业务人员五到六人；以行业为划分标准进行业务区域布局；执行钉钉打卡和每月、每周业务总结报告制度；储备一到两名新业务员；形成业务推广的迭代视频和资料手册；形成新行业、新产品销售激励方案；落实业务收集信息、报价、接单、签订合同等流程；明确合同中质量、规格、付款、交货等条款规定；建立设备制造，中间供应商、终端客户对不同渠道、不同价格的管理和服务体系；建好城市客厅中不同行业的复合机器人、3D 工业相机代表

机器人 3D 视觉以及一体式解决方案示意

性产品的样品和展示。这既为城市客厅展示服务，又为柯轩公司客户来访提供样机服务。

在销售策略中，定位好产品差异化和后续的产品平台、技术平台应用上的开发策略；梳理好价格体系和竞争中的报价策略；落实好公司网络、微信公众号、对外形象IP“小轩机器人”的推广工作；确定好展会和自媒体建设计划。

在研发体系中，建立3D工业相机及附件、工业机器人两条产品线；设定PDM的技术管理图纸和品号编码原则；制订IPD产品研发工程含硬软件结合的开发计划；建立专利和标准申报、无形资产评估体系；完善研发产品市场信息反馈和改善措施。

在生产品控体系上，推进生产工艺标准落地和调度体系建设；推进工效分析和设备自动化建设；推进生产作业成本和材料、机物料节约管理体系建设；推进物料入厂、检验标准和出厂成品检定流程；推进MES车间筹划建设；推进精益生产布局和仓储自动化。

在采购体系上，建设共享物料和常规物料、非标物料差异化管理机制；对共享物料，鼓励与集团现有供应商进行合作，对常规物料建立合理存量和最小起订量体系，对非标物料选择供应商战略合作伙伴，通过供应商调研和选择，结合品质、成本、交货期三大原则进行供应链梳理；通过供应商走访来访及评价体系建立、健全后筛选出更优秀的供应商。

三是融好集团资源，为加速发展赋予能量。

首先是人力资源保障上。要根据产品整体规划和后续研发规划，重点招聘机械、电气、软件及售前方案工程师，运用薪酬差异化策略，结合研发积分和销售、毛利、成本三大指标的实现情况，结合项目立项和结项IPD工程管理机制，调减一定利润来实现研发投入不断增加，同时储备好业务、采购、质量等岗位人员。

其次在集团资源调配机制上，总经办协同柯轩公司在部门经理会议、集团公司会议前确立需求和问题导向，在会议上明确集团应给予的支持及集团对子公司财务、审计等内控的要求，在授人以鱼的基础上更强调授人以渔，建立子公司完善的管理体系和内生增长机制。在政府奖励政策上，要充分了解政策和柯轩现有的资源点，积极主动申报项目，为柯轩公司争取更大收益。在财务管理上，要有效分析成本，提升软件退税功能，实现财务价值化。

再次在投资领域上，投资部要形成每季度工业机器人或 3D 工业相机的投资可行性报告，董事长秘书办公室形成行业上市公司发展报告，借鉴优秀的上市企业经验，对行业发展厘清前瞻性思路，寻找新三板或者合作上下游企业，为柯轩发展提供乘数效应和边际溢出。同时，筹划柯轩 B 轮融资计划，重点将新的投资合作伙伴与柯轩发展战略相结合，与资源配置相优化，原则上杜绝纯财务性投资公司。做好期权激励骨干业务、研发、管理人员的方案，做好员工成长发展和公司发展协同。

最后是深入产业链上下游，在产业园区招商、培育、投资中重点考虑工业机器人或 3D 工业相机项目，形成产业树林；在飞地建设中，汇聚深圳和武汉两地视觉传感器、工业机器人及上下游相关联的软件、集成、码垛、柔性生产线合作伙伴，增大柯轩成长的资源厚度；在物联网事业部发展中，在涉及体积测量、动物识别、衡器机器人等的产品开发上、产业链延伸上进行充分融合，以促进集团内部共融、共享、共创、共赢。

以上的努力，都是为了柯轩工业机器人项目成为集团发展三大主线之一，为了将柯轩工业机器人子公司打造成发展速度最快、最有可能在五年内上市的集团第二家子公司，成为具有重大意义、最核心的子公司，也为集团在三年内实现销售收入目标提供重要的发展力量。

我们将全力以赴，为支持和引导柯轩机器人成为工业机器人重要品牌和行业优秀公司而不懈奋斗！

夯实与发展

布局和筹建事业部版图

再论产业园区发展

物联网产业园区经过两年多的发展，已形成 4 万多平方米办公楼、3 万平方米待招商物联网大厦和 3 万多平方米在建人工智能大厦——建筑面积共计 11 万平方米，集商务、办公、研发、制造于一体的宁波工业物联网产业园区。截至 2019 年底，园区已完成入驻 140 家企业，创下 4 亿产值、5000 多万利润和 1300 万税收。已形成材料、传感器、模组、通信、大数据、软件、系统集成、设备制造或改建、设备应用或服务等多条产业链；已入驻垃圾分类、物流、注塑机、机器人、医疗、环保等多个物联网行业纵深企业；已入驻 MES、工业软件、人工智能、大数据、PLC、DSC 等多种物联网应用平台企业；已获评国家众创空间、省级数字化产业示范园区等多项荣誉。

两岁多的工业物联网产业园区正在逐渐成长，为宁波智能制造和工业物联网做出了应有贡献。面对未来，产业园必须居安思危，加强顶层设计，要想发展得更快更好，要注意以下几个方面：

一是深化招商体制变革，真正为物联网产业快速集聚成型做出贡献。

首先，要主动出击，对接市、区招商中心，市区经信、科技、人才办部门，市区各个众创空间，利用现有企业以商引商，建立人脉，获取相对应的人才库、项目库。利用联系北京、上海、深圳等地的招商小分队，探索建立新型招商机制，适当委托第三方，如协会、专业招商企业等，并对政府和第三方招商给予资金上的支持，落实从物联网产业角度的招商，开展精准补短板式招商，瞄准大平台、区域总部或者龙头企业，紧紧盯住，抓铁有痕。

对于重大招商项目实行一企一策，必要时动用政府和公司上市平台，全力以赴，把产业园区纳入甬江科创大走廊和“数字经济一号”工程，要价值观（文化上）、产业链（经济上）、感动服务（情感上）三管齐下，千方百计引入好的项目，从创业者和产业角度判断初创企业的潜力，要目光长远，领悟产业精髓，进行项目和人才挖掘。

对于早期的物联网企业，必须从应用场景和生态搭建上去理解，不在

宁波市江北区工业物联网特色产业园

乎一城一池的得失，而着重从产业链上补短板。在仔细梳理现有产业分布的基础上，寻求产品、平台、行业纵横交叉的空白点，寻求国内外空白点优势企业或人才，进行靶向招商，同时对不达标、不发展的已入驻企业采取必要的经济、服务等手段进行清退，以确保园区的活力。

二是深入服务体制再造，为物联网产业扎根园区培土施肥。

在硬件服务上，加速停车位、绿化、出入口管理，改建沥青路面及电力、电梯、网络条件，改善吃、住、行硬件环境，细化园区标识和楼层设置，建设智能化园区。

在软环境服务上，建立服务质量标准体系和不同企业需求调查、动态跟踪系统，资源对接差异化特征服务，对上规、高新、新三板企业建立一对一服务体系和周报跟踪体系。

在服务环境上，重点分析产业链上现有企业发展思路和制约因素，协同入驻企业进行管理上的咨询和资源整合，厘清企业在园区平台上的未来

2020 年 9 月 12 日宁波市工业物联网产业对接会

发展思路和其在资金、基金、股权、人力、研发、财务、法务、信息化、供应链、渠道、产品市场开拓上需要的资源支持，加强区内外企业的供需对接。真正的服务实现下沉，挖掘园区企业最迫切的需求，成为企业的战略合作伙伴；真正的服务是在园区企业发展拐点来临前，恰到好处地提供一个台阶，同甘共苦。这是服务的精华所在，也是宁波工业物联网和柯力服务团队用匠心打造作品的誓言，是产业园区服务的终极目标。

要引入懂产业、懂企业、懂行业的高级服务人员，要把握培训服务过程中每一个细节，要培养一支真正理解园区和入驻企业、招商企业需求并有专业能力满足甚至超越需求的服务团队，一支真正掌握政府政策、资源和产业发展规律、企业内在逻辑的运维团队，在高标准高要求下打造园区和柯力品牌服务。

三是深耕运营体制创新，真正为物联网和公司再次起飞创造价值平台。

在通信技术来临的时代，工业物联网走过连接、感知、智能三个阶段，通过将海量设备连接到边缘计算端及云端，再应用于设备、机器人、环境等数据采集场景。从机器人 + 传感器模式，到开发出机器人 AI 自感知、自诊断、自修复、自优化和自适应功能，降低产品不良率，降低人工成本，提高效率，减少同期库存。工业物联网正在结合设备智能化、MES、AI、机器人、柔性制造、生产线自动化无缝链接进入人机新时代的工业 5.0 时代。

而在技术端上，计算存储一体化正在突破 AI 计算力瓶颈，机器同大数据协作成为可能，模组化降低芯片设计门槛，区块链正在走向大众，新材料推进半导器件更新，云正成为 IT 技术创新中心。

产业园正面临技术变革和应用落地两大主题，在招商过程中，必须着手从产业链短板入手找创新链，从创新链弱处找招商链，全面梳理产业链和创新链中的需求。找项目、寻人才，并且不拘一格降资源，特事特办，必要时动用公司资源和基金投入。对接公司战略项目和人才时，尤其要注重大项目、大平台、区域总部，将这部分项目放到产业园区会议中专案讨论，明确政策和后续工作规划，努力争取这部分项目落户园区。

在培育过程中，要动态筛选产品好、发展快、有市场的园区公司，调研需求，提供资源，对症下药，建立起每年三家以上上规企业、一家高新技术企业和一家新三板企业。建立培育清单及资源对接清单，对企业实施精准供给。

在服务、产业、发展过程中，要顺势而为，使投资水到渠成，要足够用心和耐心地为园区企业成长提供土壤，并将分园建设和物联网战略融汇其中。在分园建设中，要以大项目、大平台、大人才对接作为支撑点，要投资企业或平台载体，要有产业布局项目和成长中可以产出的企业，要有总部园区培育出来企业的搬迁需求，要有政府合作重大研发机构或物联网平台企业，在多种项目、人才、需求、企业等资源多层需求上点燃后续的分园建设，争取政府土地转让收租优惠和后续三到五年房产税、土地税减免，争取产业平台补助和税收返还部分，争取智能化补贴和投资技改、数字化、产业、众创空间等政府支持，争取为形成物联网产业链、创新链、招商链、价值链打，造一个更大规模、更上台阶的分园，同时，奠定物联网战略产业基础。

在产业园区品牌建设上，重点建设好城市客厅，使之成为一张美丽的名片。建设好一两个物联网大数据或软件应用平台、两三家行业应用落地企业，使之成为园区的示范，真正形成领头一批、跟上一批、培育一批、投资一批、签约一批、招商一批、淘汰一批的局面，打造产业园区欣欣向荣、良性循环的新气象，为柯力公司物联网战略的坚定前进而不懈努力。

产业园区新发展

宁波工业物联网产业园区经过三年半建设，现已引入260家企业，2020年能完成8亿销售收入及3000万税收。已建成7.5万多平方米建筑面积，其中6.8万平方米已完成出租。2020年最后两个月内，继续完成7000平方米的招商投资，新建3.3万平方米的十八层人工智能研发中心，并将其作为2021年下半年的拓展空间。

在已经入驻的两百多家企业中，已经涌现了千诺、禾俊、易顺、思瑞德、瑞德防伪、楠瑞、溢原、聚洋、格劳博等上规企业，以及怡信光电、鸿信安诺、兴为汽车电子等高新培育企业，还有蜂群、一起造等平台或区域总部型企业，除此之外，还有沃富、柯轩等投资性子公司及一批在谈的合资企业。

根据柯力和物联网产业园制定的在2022年各达成“十五亿”销售收入的奋斗目标，建设高质量的产业园区，必须要有发展的新举措、新思路、新格局，要从以下几个方面着手：

一是加速园内以企业为主的内循环，实现园内外资源融合的双循环道路。

每季度发布柯力公司需求清单，把公司对外采购的主要材料、机物料、设备和研发项目合作清单告知园区企业，寻求合作机会；同时，每季度把公司及其子公司所能提供的技术、产品、检测、人力、行政、法务、海外市场、物流、售后服务、飞地生产等供给也公告于园区。通过问卷、座谈、走访、微信等途径，把园区每家企业的供给按企业属性分为不同的行业或平台不同产业节点，按擅长的资源输出来归类。在每次招商会议中，明确每户入驻企业新的供给点和需求点，将此类信息提供给政府及内部会议使用。只要有需求或供给匹配的细缝，就应全力以赴挖掘，即使暂时不需要，也要跟踪到位，并且把需求点或者供给不足点作为招商方向点、产品技术开发点、管理服务提升点。

在实行国内企业的内循环体系上，也要将外部资源，如合作第三方招商机构、各类平台服务单位、政府部门提供的入驻信息、政策及园区所有资源和园区的企业供需的要求进行对接，按照招商会议上整理的供需点，寻求圆满解决问题的思路和方法。每季度更新园区企业介绍 PPT，每半年一次座谈会，每年一次园区介绍视频制作，每年两到三次参加智博会等大型展会，每次客户或合作伙伴来访都推介资讯，每次新企业入驻园区或原来企业产生新需求都公布于微信群，每隔一段时间更新物联网小镇的城市客厅布置，寻找并抓住每一个让园区企业发展的商机。

二是围绕园区已经相对集聚的产业，打造 4+1 核心产业发展的创新链。

目前园区重点发展的是工业机器人智能制造产业线，包括生产底层硬件的华风、意恒，制造机器人的库玛、合易，开发系统集成的曦泰、伟恒、纵创、铂士、科特、古思、众途等，还有制造汽车配件的格劳博、度尔、铭卓、图盛、艾普斯龙等。

在智慧消防产业线上，包括烟感传感器领域的未来鹰、雷恩，消防工程领域的锋创、图安，从事智慧城市建设的太正图、鸿信安诺等，还有逃生缓冲装置研发销售的爰的消防公司。

在智能物流产业线上，包括 AGV 领域的柯轩、三省智能，码垛机器人双亿，仓储自动化领域的云端智能、智衡物联、夏墨自动化，冷链领域的羽辉，零售行业中的兴顺供应链，电商领域的聚洋物联等企业。

在工业软件产品线上，包括帕若咔、远炼、博柯威、诚玖、连联、君芒、锐怡等公司。

在传感器产业链上，要极力引进不同物理量传感器的生产、销售分公司或者区域总部。在目前已构建的产业链雏形基础上，建设专门的四大产业发展链思路。

在招商中，要针对产业短板，通过产业上下游订单和房租税费优惠，根据现有产业内循环资源尤其是柯力公司自身的资源需求引入相关企业。在孵化中通过创意→实验室→培育方案→成长规划→耕耘计划→合资合作→资本市场→国际化企业的步骤来引导现有企业不断发展壮大。

在投资领域中，重点加强四大产业链 + 传感器产业投资，允许无形资产入股、估值适当上浮、业绩对赌，以达到资源充分有效最大化整合，甚至在无条件给予足够优惠等前提下，加强对 4+1 产业的扶持力度，将相关企业引入产业园区并串联产业链，丰满产业生态。在前期投资较为困难的前提下，也可以采取产品代理、OEM、ODM 等模式，建设分厂或销售公司，先迈开第一步，进行合作洽谈，切实地把公司发展战略与投资、产业生态进行有机结合。

在人才产业链上，在供需情况摸底时，必须同时把人才培养一并了解清楚，创新人才地图，利用人力资源部自身渠道优势和猎头、市区人才办信息，建立最佳人才寻聘地，探索最佳路径，求索人才和项目结合的最佳途径，争取在项目投资、人才住房、子女就读、个人所得税、房租补贴以及公司自身公寓的房租优惠等方面，为引进人才创造更佳的产业链发展环境。

三是深化产业园区企业发展需求，构筑产业园区＋平台发展新格局。

首先，根据产业园区需求和产业发展客观规律，构建招商＋投资＋培育＋服务四大职能平台，提升研究院研发＋检测＋行政人力＋法务＋市场营销＋物流等资源输出更大能量平台，形成孵化园＋加速器＋产业集聚区＋产城融合等业态平台。

其次，明确目标、分解目标、责任到人、团队协作，朝着产业生态战略方向前行。服务要点到点、事到事、人到人，及时响应，紧紧跟进，并建立举一反三的预防机制和畅通的沟通体系，建立标准化服务流程和创新办法，建立资源更新和叠加乘数效应机制，真正构建态度＋能力＋效用的结果导向的服务新格局。要培育园区企业，学习产业和行业的专业知识，了解企业发展的规律和行业发展的特点，把握入驻企业老总的心态，慧眼识才，及时了解供需，提供资源和方案，实实在在为企业解决问题、带来效益。同时，建议公司在空间、订单、房租、服务、投资中建设A级资源供给清单，打造上规、高新、投资、新三板、产业链五大优先发展企业的支持体系，让其能够发展安心、留园放心、服务全心、合作真心。要切实转变公司角色，从房东到股东，根据柯力公司5+10产业发展战略和产业园区4+1产业链发展方向，结合四大职能和多个资源平台的作用，在深入了解园区企业的发展想法后，在共同战略和志同道合的前提下，同心协力做资源整合。要尊重园区企业的发展选择，进行投资的时机把握。重在帮助园区企业解决燃眉之急，重在扶持园区企业做强做大，重在让园区企业在产业园区中创造新的价值。在物联网产业愿景下，寻找双方都可以接受的投资方式和估值比例，同时，根据园区发展情况，对部分招商企业执行先投资后入驻的策略，从而形成产业生态和资本投资双融合。在招商中，要把关好入驻企业的质量，尤其是人与产品的层次，把握好入驻产业链的地位和发展趋势，把握好投资五大原则和招商基本准则，宁缺毋滥。在有限的空间中，达到新入驻企业与园区双赢的局面。珍惜每一次招商对于产业园区发展的点石成金作用，鼓励园区物联网公司相关人员跟投园区企业，并给予一定优惠政策。鼓励园区再次在四大职能平台上加强人员各类专业培训，深入学习物联网产业内涵。建设好柯力公司的各类资源平台及创造资源的思路提升预案，建立不同平台的工作业绩标准和 KPI 指标，构造达成目标的用人标准和角色定位，建成沟通和预防冲突机制，从而形成独特的工业物联网产业园区文化，走出一条产业生态与战略协同的道路。

最后，不仅对创业者和项目要战略招商、悉心培育、精准服务、有效投资，还要对之进行价值观层面的引导和判断，一定要支持有情怀、有理想、有勇气、有担当的园区创业者，这也是产业园区真正的使命——让园区创业者成为真正具备创新责任的企业家，成为未来产业园区发展的核心所在。从这个角度看，产业园区不仅仅要招商、培育、服务、投资企业，更要把自己建设成为具有社会价值的园区，这需要耐心和担当，我们一定要认识到产业园区经营是一个艰苦、长久的过程，是聚合资源、优化生态的链接过程，是专业能力和行业知识提升的学习过程，是人文关怀和温暖创业者的成长过程，更是将园区创业者和产业链、价值链、资本链形成一体的创新过程。

物料管理系统物联网发展

无人值守和一卡通物料管理系统是物联网走向称重物联网最重要的载体，是体现衡器自动化、信息化、智能化“三化”融合最恰当的切入点，更是目前衡器物联网发展的前奏和深化体现。在整个物料管理系统物联网发展上，需不断下苦功夫、寻求突破。成就称重物联网的战略思路，意义十分重大，为此要做到以下几点：

一是将物料管理系统中的物联网产品做精做透。

首先，要将无人值守产品差异化执行到底，将 BP 部分红外光栅 + 常规控制箱、BD 部分地感线圈 + 常规控制箱、GP 部分红外光栅 + 防雨淋自故障监测控制箱、GD 部分地感线圈 + 防雨淋自故障监测控制箱，结合控制部分（软件、点阵、大屏幕、交接机、出口扩展卡、有源音柱、控制箱）、识别监控部分（远近距离、IC 读卡器、读卡器防护箱、IC 卡、车牌识别一体机、补光灯、摄像头含支架及万向节）、检测部分（红外光栅、光栅栏、栏杆机、地感线圈及像测器、雷达、红绿灯）、附件部分（不同长度的水晶头、电源插头、立柱、电流、串口线、插座、螺丝、六蕊导线、三蕊电流等),按照客户需求和竞争态势做出三十多种组合产品,做好市场竞争的准备。

其次,做好成本管理。一方面,每季度或每半年对主要组件进行调研,寻求最佳供应链体系和最优性价比配件;另一方面,自主开发低成本的铁制外壳光栅栏、控制箱、壳体等,制定软件产品销售提升计划和以软促硬的销售策略,开发防雷、防雨、高防护、多条通信口的高端室外控制柜。

再次,形成具有企业特色的无人值守产品,如公磅一体机、自循环收发卡机、模块化无人值守系统、读码器、道闸雷达柱、补光灯、中文信息显示屏、低成本车牌识别一体机、落地式无人值守控制箱、身份证读卡器等产品。也包括含有预约、任务分配、自动收发卡终端、排队、门禁、过磅、物料确认、结算等八大系统的物料管理体系。

最后,为公司打造具有核心竞争力的技术平台,针对栏杆机、红外光栅、地感线圈、传感器、仪表、车牌识别一体机等设备进行自故障报警和在线检测,实行远程服务和在线维护;针对货物图像合成技术形成自动识别平台;针对人脸录入系统形成人脸识别平台;针对软件形成标准化模块,启动软件开发并行工程和代码复用。建立软件客户端核心需求点汇总清单和预开发储备软件系统;建立软件自主立项和创新项目的数量、质量提升计划;建立软件常规接口协议库;在研究竞争对手的基础上,取长补短,建立公司软件拳头产品。针对车牌图像识别,通过图像采集分析处理和算法优化,形成识别优化平台。针对国际市场需求,形成适应国际市场的称重管理系统全英文国际版和硬件可选择的国际化产品。

二是将无人值守和一卡通物料管理物联网系统市场营销做强做大。

在销售定价上,要有灵活的策略,可以执行量积返利和赠送附件导线软件等。视不同服务要求进行价格考量,视不同竞争进行报价,支持业务部门的销售提升,并实现自制产品或采购成本同比例下降。

在销售总体策略上，要把握好客户需求，在客户询货或下达订单前，要引导客户，挖掘其对无人值守或一卡通物料管理物联网体系有哪些核心需求或潜在需求，辅以软硬不同的方案，切不可被动接受客户订单。业务部门要有差异化无人值守或一卡通物料解决方案，将差异化配制、人脸识别、车牌识别、货物识别、软件定制、自故障判断、多物理量、红外对射、大数据分析、人机对话、自动支付结算等核心技术平台和手机 App 终端多台联网、防雷、防作弊等物联网功能引导到方案中，供客户再做选择，从而满足并引导客户需求，而不是一味按照衡器企业或终端用户要求执行。

在销售渠道上，运用投资策略，建立自身控股的无人值守或一卡通物料管理系统公司，发挥柯力公司的市场和技术积累优势，对客户需求进行总结，为称重物联网战略楔入市场储备品牌力量。运用广东、四川、陕西、河南子公司的市场信息和客户积累，推广物料管理物联网产品，提供技术、产品和服务支持。运用经销商的客户资源推广产品，抓住部分转型经销商

一卡通物料智能销售（装车）系统

的需求。运用与重点衡器制造企业的合作机会，引导其转型。设置招投标专员，做好招投标信息每日来源分析。探索线上无人值守的产品和配件销售模式，提高无人值守配件的销售额。

在展会期间，建立无人值守或一卡通物料管理体系专区，专门展示硬软件和有效应用案例，重点展示骨料、海关、水泥、垃圾处理、化工、电力等行业应用复印销售能力，实实在在让客户感受衡器产品自动化、信息化、智能化“三化”融合下的发展思路落地。

在竞争策略上，要快速构建硬件成本和差异化竞争壁垒；要实现软件开发定制化成本控制和开发周期最短化；要有积极的市场变动反馈体系和微信、日报中的市场竞争决策机制；要对有自身特色的竞争力产品和物联网多个技术平台建设技术壁垒，并有效形成发明专利体系；要定期跟踪对手新产品投入后的市场反应和 SWOT 分析体系，在取长补短的基础上，确定自身创新的方向，制造具有强大竞争力的产品。

在销售目标上，要确定近三年每年的销售额和利润倍增目标，要规划好销售策略和渠道、人才建设计划，加大技术和市场投入力度，使无人值守和一卡通物料管理产品成为柯力公司物联网战略核心组成部分。

在市场占有率上，要把握柯力公司的龙头地位，保障销售额，促进落地的工业物联网产品首先突破一亿的销售关口，领先国内竞争对手，同时牵引公司的物联网事业部或子公司的销售额逐步接近传统的销售额。

三是将无人值守和一卡通物料管理物联网体系运营服务做优、做实。

在调度作业体系上，必须强化售前支持，复杂的系统必须先于现场对接，在现场中设计方案，才能进入 MES 签字系统。

在品管上，加强无人值守配件、PLC、包装、附件等质量把关。

在服务效率提升上，要形成一整套无人值守和一卡通物料管理系统的视频和服务手册，重点把握售后服务中的称重软件使用和多台设备两次称重空车记录、数据库软件对接版本、导入刷卡等软件使用问题以及硬件中的光栅接线、地感线圈数、摄像头激活、现场通信距离、光盘、光纤断裂、通信方式、过磅流程、硬件密码、车牌识别最佳区域等问题，并于每季度形成总结报告，修正服务手册。

在服务人员管理上，每月开展线上资料学习活动，每季度开展现场培训，加强新产品立项前的沟通和使用后的反馈，并将每月实际完成的售后服务次数和难度系数，结合客户满意度，作为激励考核的主要依据。

在服务流程上，要求由服务部门参与前期作业跟踪单的合同评审，把关售前方案；在售中提供微信图片及经验总结；售后加强对客户的培训，以便提升后续服务效率。加强与业务员就客户的下一个订单的沟通，增设售后服务引导客户的奖励，增加在线视频指导客户或远程服务客户的奖励。

在投资领域中，市场投资部门要会同市场部、销售部重新梳理行业内现有一定基础的无人值守和一卡通物料管理企业和配件、软件供应商，进一步做好市场整体布局。同时，将一卡通物料物联网系统从大型称重无人值守物料管理体系逐步延伸到中小型称重仓储物料管理中，完成专门仓储的物料物联网产品开发，并与不同物理量传感器融合，建立仓储收发数据，使其融入企业管理信息化、数字化系统，从而形成新的物料物联网扩展应用体系。

物联网事业部发展

工业物联网事业部的落地发展，事关柯力公司战略的布局。

柯力公司未来发展的重心是传感器和工业物联网，两者并驾齐驱。工业物联网对十大事业部的销售，做出了每年增长不低于一亿五千万到两亿元的布局，争取在三年内，使工业物联网事业部（含子公司）总体销售达到七八亿，与目前的传、仪销售相当。因此，我们要实现公司战略的重大转移和市值管理提升，以下几点必须要关注：

一是差异化发展事业部（子公司）。

对于已经运营多年的物联网事业部（含子公司），重在变革。

在产品线上，要培育新的行业、新的业态、新的项目、新的产品，并导入新的机制，引入新员工，打破传统产品线的销售策略和激励方法，建立新产品线、新机制，并逐步改造老产品线的业务研发部门。

在销售收入和利润增长上，要注意研发、市场等投入和利润增长的平衡以及员工收入增长和利润间的平衡，尤其对于员工收入，一方面要抓自动化、信息化、断头串联和产品线并联，简易小改小革和重大技改项目并行，以此来节约员工工时和提升效率，最终在产量不变的情况下，事业部能够让利部分工时节约额，从而实现员工收入的提升，维护员工的利益；另一方面要抓新产品开发和销量提升，以提升销售总量来增加员工收入。

对于核心员工和重点业绩新人，要引入有限制的股票激励政策（上市公司总部）和独立事业部（子公司）股改。以子公司或事业部净资产作为入股价格，为员工带来低价入股、参与公司发展红利分配的机会。

对于属于资本运用后产生的新事业部，重点参与资源整合，让总部事业部领衔江浙沪一带的业务和市场操作，并在实践中逐步掌握新的事业部和新投资子公司融合原理、方法、原则及操作，锤炼出一支领导子公司的团队。

对于新成立的事业部，在筹建期间，必须把握团队三观、责权利分配、产业契合度、资源整合度、业绩担当和风控及相应的退出机制等问题，并结合研发中心平台、产业园区平台，在进行市场调研后，推进和引入新的合资公司、合作伙伴后，建立新的组织框架下的新团队。要以最坏的打算，对市场和研发进行预案，给予新团队一定的磨合期，沿着合作协议，上轨道运行，并着手配置新的资源，对新的事业部给予更大支持，同时及时调整新的事业部运营方式及最终方向。

二是发展事业部（子公司）的创业心。

面对工业物联网目前发展的不确定性和巨大压力，我们既要以宽容姿态对待茁壮成长的所有新事业部，还要以满腔热情给予新事业部所需的资源支持，而不是袖手旁观。

这就要求事业部所有的员工具有创业心：

一定要以客户为中心，深入市场一线，倾听客户声音，引导、挖掘客户需求，满足、超越客户需求。这是新事业部发展的主旋律。同时也要确保质量第一，并且不惜一切代价维护公司品牌名誉，实践成就客户的公司文化。

工业物联网1部（不停车检测）
宁波柯力交工建设有限公司

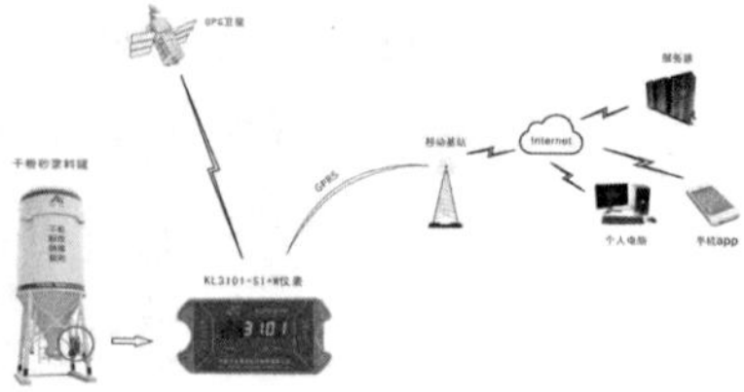

工业物联网2部（干粉砂浆信息化）
重庆柯力佑佳物联网科技有限公司

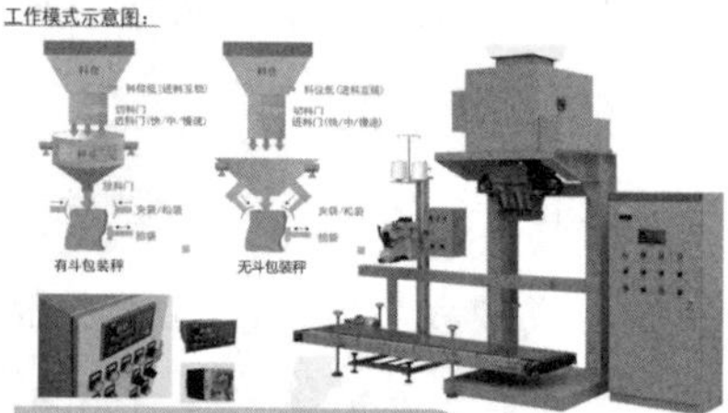

工业物联网3部（自动化控制包装配料）

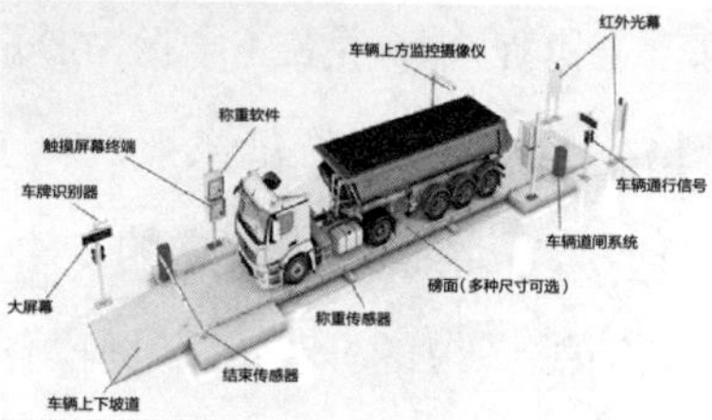

工业物联网4部（无人值守一卡通）
福州科杰智能科技有限公司

工业物联网5部（智能物流设备物联网）
宁波柯轩智能科技有限公司

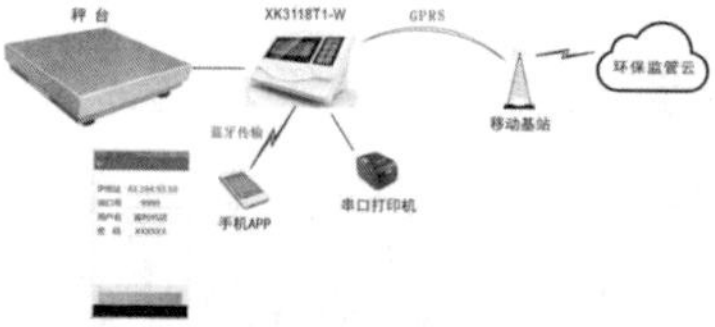

工业物联网6部（环保设备物联网）

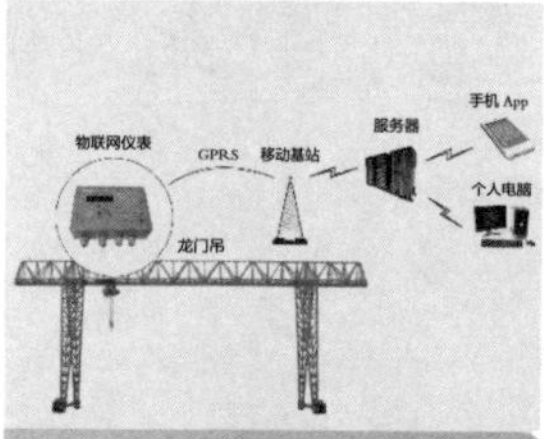

工业物联网7部（起重机械物联网）

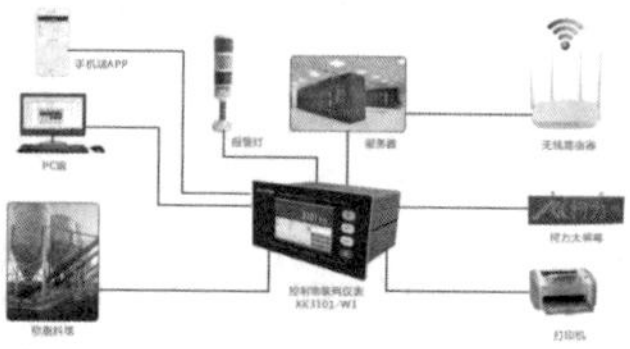

工业物联网8部（畜牧业物联网）

工业物联网9部（智能物流、仓储）

工业物联网10部（冶金化工称重设备）
余姚太平洋称重工程有限公司

柯力公司十大工业物联网事业部

一定要有风控意识，宁愿发展得慢点，也要坚持上市公司的合法合规和守住五大投资底线，在谈判初期和事业部筹建的过程中，对于控股子公司或事业部要提前沟通并达成一致：财务资金安全，账务准确性需经得起审计核算，财务平台化真实反映水平，税务筹划创造价值，人力资源整合、领导变革、用人机制稳步改革，以激励提升事业部或子公司人员的积极性，合作双方责、权、利清晰、公平、公正等。

用业绩讲话，千方百计争取订单，是事业部所有人员努力奋斗的方向及目标，要不断建立和维护人脉，要根据市场竞争和客户需求调整销售策略及产品策略，要主动沟通，日常通过微信、周报、会议沟通机制为公司融合更多资源，来更好服务于客户。必须要不畏艰难地盯牢每一个订单、每一个招标、每一个需求，持之以恒、坚守初心，即使暂时甚至较长时间出不了理想业绩，也要有职业态度和奋斗精神，让公司其他人员对新的事业部或子公司保持坚定的信心。

一定要有团队凝聚力，成则归功于团队成员的精诚合作及柯力公司其他部门的鼎力相助，不成则多检讨自己。尤其是在自律方面，在事业部发展中，部门或子公司领导人必须恪守自律准则、以身作则，宁愿自己吃亏，也要带领团队成就业绩。宁愿承受压力、委屈自我，也要坚韧不拔地带领团队向前走。要明了一点，那就是压力和责任由事业部和子公司中高层管理人员承担，尤其是总经理，唯有不懈奋斗和付出才能获得硕果。

三是创新化发展事业部（子公司）。

首先要有战略高度，要深知称重传感器发展到今天，虽然仍有潜力，但总体市场容量毕竟有限，除了深入到其他物理量传感器外，工业物联网事业部或子公司是需要全力开拓的全新市场，也是柯力公司要成为国际一流物联网企业愿景的战略部署。朝着战略使命和愿景，面向企业的工业物联网事业部或子公司落地，是事关企业发展的最重要问题，因此，必须集聚公司资源，全力打造不同行业、不同业态、不同场景的工业物联网应用落地项目，这是全体员工义不容辞的责任担当。没有工业物联网落地事业部或子公司，就没有柯力公司的市值管理和未来。

其次要有创新手段。必须使新人抱有创新心态，除了成就客户、服务员工的企业文化这一原则问题，其余涉及非原则性或者经营上的细节问题，要秉持宽容之心，逐渐改变公司的传统思维和流程，顺应新人、新时代、新思维。

在用人上，要打造梯队和保持适当人员冗余。招人时重在对文化、态度、能力的把关，育人时注重引导，提供平台和绩效管理，通过建立人才池和人才梯队，通过多种业绩激励的手段，公正、公平的考核体系，让新人不断涌现出来，形成“能者上、平者让、庸者下”动态变化的用人机制。只要坚持奋斗、冲锋陷阵、成就客户的事业部所有人员都肩负重任，在成长中不断接受磨炼，才能形成生机勃勃的发展景象。

在产品体系上，要不断加厚加实 IPD 工程推进和技术平台，让研发人员流动起来，充分发挥他们的想法，培养自由向上的研发氛围，容许研发自主立项的不成熟和沉没成本，实施积极自主预算和作息时间，实施项目竞争和招标机制，实施总经办技术管理部人员 HRBP 的深入机制和激励机制，实施不同部门协同研发清晰责任权利机制，实施重大项目研发评审及跟踪机制，实施产品经理负责制，让事业部经理同时身兼产品经理责任，敏捷地应对市场需求及竞争。

在市场开拓上，要运用市场部及销售部所有资源、营销大数据分析系统、产品经理制度，以形成市场与产品、需求与供给之间的互动，形成产品迭代和市场拓展交织发展的事业部或子公司新格局。

再次是在产业生态和资本投资上，无论是产业园区招商引资还是公司投资，必须聚焦于传感器和工业物联网领域，必须把产业园区产业链上的短板进行强链、外链、延链、深链，同时重视重大招商项目、投资项目，实施重点服务跟踪和一企一策的重大策略调整，坚定不移地引入龙头、区域总部、平台企业，开拓分园和建设异地分厂，让柯力公司不仅参与园区企业培育，并且从“房东”转为“股东”，参与园区企业的成长过程，逐步发展上规、高新、新三板、资本市场，坚守柯力与园区企业、园区与外部资源的双循环。坚决执行产业生态与资本投资双驱动，实现最优生产线布局，结合研发与业务发展，次优为生产线+业务或生产线+研发，再其次为业务或研发的合作合资模式。尽全力服务产业链上的核心企业，并且努力做到感动、感化投资，哪怕需要参股和达到高要求，柯力公司应适当妥协，形成与事业部、子公司发展并行的第二条道路，形成事业部或子公司参与产业园区发展双向互动良性循环，让独立事业部成为子公司，同时成为产业园区中的重点骨干企业，成为引领产业园区成长成一支重要力量。

最后是在创新资源上，要动用柯力公司所有资源，让所有公司员工不仅在思想意识上，还要在行动执行上，深刻认识到公司发展的战略和转型。打破部门壁垒和认识上的固化思维，在信息化和制度流程上形成与事业部或子公司资源共享、共创、共发展的机制。在沟通与冲突中，形成事业部或子公司优先的发展机制。要形成事业部（子公司）+技术平台+产业园区平台+公司投资平台+外循环平台+上市公司平台，即“一部（子公司）+五大平台”结合，在力学传感器业已形成的研发、市场、服务、采购、制造、品管、信息化等管理平台上，进行资源嫁接、整合优化，来进一步推进柯力公司物联网产业快速落地，实现物联网战略稳步坚实前进。

工业物联网事业一部发展

工业物联网事业一部是依托柯力不停车称重传感器产品发展起来的，其定位是组成公路超载超限非现场执法系统集成产品，实施系统集成产品的项目落地部门。这几年来，系统产品的匹配性、现场施工、安装、调试、运维的能力正逐渐提高，也有了一定的业绩。但与其他相似品牌比，我们还有不少差距，主要体现在产品的匹配程度、施工安装水平、市场布局上仍然存在很多不足。

目前，工业物联网事业一部处于业务成长的初熟期，而市场的格局正在变化，一是行业内兼并、合作不断，强者更强；二是业务端从原来的单独安装，转变为公路机电的整体安装，而且许多地方将从政府采购列入工程招投标。对此，工业物联网事业一部 + 子公司唯有不断变化，不断变革，内练功夫，才能赢得一片天地。为此，一部 + 子公司的业务定位一是主要针对公路交通、市政上的物联网技术应用；二是把一部 + 子公司打造成柯力公司在物联网方面的工程性公司。主要做以下提升工作：

一、谋篇布局，拓展业务。

一部的业务现在面临两个问题：一是区域性市场没拓展，近几年市场主要在宁波，对市外、省外的市场如何拓展缺少经验；二是以不停车称重系统为主导，面对的客户主要是公路交通部门，交通部门是一个行业相对封闭的部门，我们的业务模式和产品十分单一。

对此，改进需要从两个方面着手：一是拓宽渠道，占领市场。采用区域合作代理和项目经理承包制度；二是扩大产品范围，深耕市场。一部现在主打的产品是不停车称重系统。这个项目现在处于风口中，但是，要真正取单，特别是直接取单，难度大，需要下很深的功夫。为此，需要扩大一部现有产品的应用范围，主要是在公路交通、市政管理、公共服务上的应用，特别要关注公路机电类、智慧交通、智慧城市项目等。

业务拓展的具体做法有：

（一）把一部 + 子公司打造为一个业务信息中心。

1. 关注收集相关业务、行业动态；

2. 在网上收集各地的项目情况，主要是在政府工作报告，发改、财政、交通、市政等部门中发现前期项目情况和一些区域业务情况，为区域业务、项目经理和柯力公司的直营区域提供项目信息线索；

3. 项目经理和业务员每月走访有关单位至少一次；

4. 与合作伙伴交流分享。一部设立招投标专员，每天收集信息，由分管经理组织一部业务员对信息进行分析，分区域形成资料，然后提交业务员和区域合作方跟踪。

（二）要把一部 + 子公司打造成业务谋划和指挥中心。

针对跟踪的项目，进一步跟进，与业主交流，探索如何与他人合作，建立业务关系。对此，需要由一部和区域合作商、项目经理来做好业务关系的深耕工作。每周两次与业务人员、区域合作方、项目负责人、潜在合作商沟通、分析业务，每周一次向总经理报告业务情况，采取下步行动，跟踪好每一个项目。

（三）要把一部+子公司建设为真正的工程公司。

重点在区域合作和项目经理承包制上下功夫。同时，还要继续深耕宁波本地项目及省内项目。争取在8月份，子公司申领到公路机电二级资质，直接承包或分包公路交通的机电项目，同时继续争取政府采购的订单。这块业务上的主要问题一是柯力现有的不停车检测系统，很难在区域市场封闭；二是合作方担心合同、资金过公司后，采购、付款的流程长，因此区域合作的积极性不高。对此，在已经实行合作代理的区域，需要对简单购传感器业务进行控制。同时，对采购流程、资金付款进行明确，保证合作伙伴的利益，与客户一起共同成长。

二、打造利器，提升技术。

（一）加快推进“窄板”方案，对新开发的仪表、快速水泥5米破路方案一并进行测试。目前，柯力公司已经向北仑交通局口头申请了项目实际测试道路。在两三个月内争取测试完成，确定后序的窄板推广方案，并根据老客户需求，直接在老客户可以安装的窄板现场测试。

（二）对整个系统的产品匹配度进行分析。重点解决仪表的匹配问题，一方面加快柯力公司自有的仪表研发、生产，争取在2022年上半年投入使用。另一方面，与现有的仪表供应商进行技术合作交流，提高相互的匹配度，使其符合市场的要求。

（三）对施工方案和方式进行完善。现有的施工方案中主要是破路面积大、工期长，下一步将用快速水泥小面积施工方案，通过北仑的测试，优化施工细节。同时，对施工安装方式进行改进，可采用施工、安装总包方式，加快施工进度，减少费用。

（四）利用柯力公司现有的技术平台，如大数据、自故障报警、体积测

治超现场后台监控

量、物料自动识别、人脸识别、动态计算等，设置竞争壁垒，提升中标概率，以技术提升公司的产品竞争力。

三、建立铁军，凝聚团队。

（一）一部 + 子公司人员必须不断学习，努力熟悉工程项目，人员结构上要保证有公路机电、计算机、城市智能、公路工程施工等方面的专业人员，同时，根据业务发展情况适当招聘专业人员，形成从项目设计、招投标、施工管理到施工安装调试的全套配备人员，能独立运作，也可为区域合作方、承包的项目提供技术支撑、实施项目并做好项目监管。

（二）要形成一套业务制度。对一部的业务制度在子公司成立后进行修编，主要对信息采集、业务布局和策略、区域市场、项目经理管理、招投标流程、项目施工安装管理、内务支持、资质申领和维护进行规范，重点在于确保质量，加快交货，缩短安装周期，注意采购质量管理等。

（三）要形成激励制度。一部＋子公司的业务模式不同于公司其他部门，对此，要有一些不同的激励措施和管理方式。对一部员工的考核主要以公司日常管理考核为主，对子公司的考核主要以公司业务目标为主。

（四）实行一部与子公司逐步职责分开，实行子公司相对独立运营。以项目为方向，内部要围绕项目来做服务和支持工作。一部要体现、实现公司日常管理职能，子公司重点放在经营的职能。具体表现在，以销售为目标，围绕销售目标工作；以内部包干费用为方法，实行费用定额管理；以回款为重点，预防应收账款风险；以成本控制为抓手，提升部门业绩；以利润为最终指标，业绩围绕利润波动；以成就客户为经营文化，提升质量，树立口碑，放眼未来，建立起公司品牌。

四、树立品牌，提升服务质量。

现有的一部不停车称重系统缺乏知名度，市场影响力小，对此，除参加各类展会、网络宣传，主要应在交通领域的活动中展示，如与交通设计院合作、与治超平台合作、与大型交通企业合作等。现在一部很少参与招投标，对没把握的标基本不敢去投，对此，要改变观念，对我们想做的区域市场、有能力实施的项目，应该积极去参与。积极参加全国性展会和技术研讨会，这是一种展示的机会，也是让合作者发现自己的机会。

每年 1 月 7 日，及时制订上、下半年已有项目的复检计划，听取运维部门信息反馈，安排标准的全检，形成复检手册。针对不足之处，予以整改完善，并在后续项目中进行预防，部门管理人员必须亲临一线，去倾听用户的声音，以最真诚的态度接受真实声音反馈的市场信息，不断提升客户满意度。

工业物联网事业二部发展

工业物联网二部干粉砂浆事业部发展已进入第十个年头，十年来经过多位事业部同人的努力拼搏，此部业已成为利润超千万和毛利率最高的部门，同时已形成走向智慧工地和建筑机械物联网的桥头堡。未来，在整个柯力公司物联网战略中将发挥更大作用，为此，在新的一年中，要努力做到以下几点：

首先，是推进管理规范化。

在日常管理中，逐步利用OA、微信群、钉钉、GPS定位、干粉信息平台软件等信息化手段，通过合同、对账单、服务记录单、立罐单、委外维修单、加油记录、配件收发存、业务周报、月度总结等报表流程，形成管理大数据分析系统，结合审计人员定期、不定期的现场监管抽查，重点是核查供应商包括料罐、配料、物流信息等方面的穿透性和流程执行、价格、数量的真实性。建立规范透明的收入、支出监管体系，重大事项跟踪落实体系，促使公司、部门、项目部资源充分高效利用。

针对新产品、新业务、新市场，要制订专题调研、推广策略与计划，每月及时总结市场机遇，结合销售协议、规划任务、经营报告、应收账款及呆坏账统计，每月跟踪检查比对分析，对异常或迟滞事项及时制定纠正预防措施，使事件流程化、标准化。

对涉及智慧工地、建机物联网、二手租赁、信息化平台、无人值守一卡通、仓储物流自动化等新市场，要紧紧抓住开发机会，逐步深入，开创二部发展的新格局。

其次，是加快人才梯队建设。

重点要关注员工的不满意处，包括薪酬、培育、福利、职业发展、工作环境和管理的公开、公正、公平性等，加快推进事业部公司化运营、股份制改造，让骨干员工成为事业伙伴。可以根据实际地域及事业部业务周期、意向投资标的采取不同股份比例与结构方式、不同商业模式和不同合作形式。

结合武汉飞地建设，启动股改武汉柯力公司，形成类似于重庆柯力公司的第二个从项目部走向独立子公司的管理模式。充分调动员工的创造力，挖掘新赛道，开辟新天地，创造指数级成长新空间。在坚持维护柯力公司整体利益的前提下，兼顾员工个人收入的提高和职业生涯平台的发展。

再次，结合公司物联网战略和投融资渠道资源，加快二部主营业务产品的升级换代。

二部要利用产业链上下游的延伸作用，重点形成对砂浆生产厂家设备租赁、信息化、物流车辆，对工地的无人值守一卡通、仓储物流、建机物联网，对车载的除尘、计量等业务进行拓展。由传统低附加值设备租赁向产业前沿技术、解决方案提供商转变，迅速扩展市场维度。

发展的主要方向是建筑领域的智能建造多场景集合传感元件、成套设备、过程自动控制、软件采集、大数据分析、多终端展示的物联网系统集成技术、方案的研发、推广应用。具体来说可分为三类：大宗建材制造环节的物联网应用，侧重于过程监管控制和溯源跟踪；建筑工地的安全、环保、成本、进度、辅助施工等全方位信息采集、分析及监管应用，侧重于持证作业、防碰撞、防扬尘、防垮塌等实时场景监管；建筑物的载荷、振动、倾斜、位移等信息采集分析预警应用，侧重于安全报警和寿命预防。着力逐步向以上三个方面布局、筹划、投资、引智，增强和把握二部产品的核心竞争力和市场话语权。

最后，夯实部门管理基础。

一是重点关注销售增长、利润增长、客户成长、员工成长等一系列预案和行动方案的可操作性、可执行性、可落实性。关注客户的需求和不满意点、业务履行过程的难点、部门资源未满足市场的薄弱点，制订针对性提升的行动计划。重点在于利用延长料罐生命周期和MO3募投资金时机，把折旧的部门利润和募投资金转化为研发和设备信息化投入，转化为二部独立的研发团队建设并投资的上下游产业的企业及非租赁性业务。

二是继续聚焦四大经济圈租赁业务，在维持提升现有主要项目部的客户占有率的基础上，利用资源整合等措施，加快拓展河北雄安、成都重庆、武汉周边、江苏南部等新市场、新客户，推进城市料罐资源运营平台的建立与服务，开展城市料罐资源共享运营业务，保持租赁业务规模、效益双增长。

三是落实料罐用称重系统配套传感器、仪表数字化改造开发，实现免标定，提升料罐称重准确性。在信息平台增加车辆监控模块，实现车辆集料罐定位、测速、称重、运输里程计算等功能，利用软件销售减免租金、流量费试用优惠、同行推荐优惠、稳步推进干粉信息平台业务落地开花，快速提高信息流量收入和租金转软件收入。尝试第三方背罐服务，逐步筹建第三方物流服务平台，拓展第三方物流服务。

四是推进客户价值管理。对租金单价、毛利率相对较低的区域、客户，利用客户结构调整、新增料罐需求、合同到期续签等时机寻求突破点，重新与客户议价，争取日租金上调、设立保底租赁付费周期或背罐费用客户分担比例上调等，提升料罐台均租赁收入和毛利率；每半年进行一次客户价值分析，全面分析客户收入、费用、账期和毛利情况，及时制定租赁价格提升、费用客户分担等客户优化措施，择优汰劣，增加客户毛利。

五是利用行业信息和产品资源，开展料罐及搅拌机、车载收尘器转售贸易，深入推进环卫车车载计量、无人值守及智能物料管理系统、建机配套称重元件、砂浆生产线及配套设备维修改造业务，积极拓展行业性大客户，参与系统性、项目性的成套系统设备业务招投标。

六是持续推进租金转软件销售、查漏补缺工作，建立高龄料罐制度性、预防性整修机制，延长料罐使用寿命，加强配件、车辆、运输等经营费用控制，提升租赁业务毛利。

在二部发展中，还需明确总部与子公司、项目部各自定位，汇聚资源、聚合力量，加快二部发展。

在团队建设上，必须加强柯力公司文化传承并落实至各项目团队，形成一致的价值观，确保团队凝心聚力。必须通过公司各类培训通道和人才

扬尘噪音可视化远程监管系统

梯队建设，完善制度，预防冲突，通过适机引进文化价值观一致的“鲇鱼”，加快经营团队有关新产品、新技术、业务和管理知识结构的培育转型，适应柯力公司战略和部门发展需求。

在定位上，明确总部的研发、投资、管理功能，子公司或项目部具体的运营服务功能，进一步梳理母子公司（项目部）间的权责利关系，加强总部投资和研发功能，为子公司（项目部）发展提供更广阔的空间。

在市场发展上，每月应通过总结反馈，以固定的视频会议结合投资会议分析、讨论、讲解、确定下一步的行动计划。

在人才培育上，设立子公司或项目部经理助理，完善 KPI 人才培育和调岗机制，把人才产出作为二部发展重点工作。

在战略协同上，把子公司经理和项目部经理纳入集团部门内部主管级体系，参加每月两次的部门经理会议和每周一次的二部视频会议，使其了解集团公司资源，学会优化配置集团资源，并结合市场机会，学会投资和业务两条腿走路。加快推进研发部门建设，加速项目部股改，推进多点业务，把二部建设成为集团公司可持续增长的重要一极和工业物联网落地的支撑重点一柱。

工业物联网事业三部发展

工业物联网三部以称重系统集成产品和行业深耕为基础，这些年来，在环保、畜牧、物流、厨余、环卫等行业取得了一定的突破，年销售额逼近两千万元，为公司发展做出了一定的贡献，在整个柯力公司物联网板块中发挥着重要的作用，为进一步推进三部发展，我们将做出进一步深刻变革。

一是加强组织和人力变革。

在销售体系中，重点将业务员按照行业、区域或产品划分，设置本部专属的招投标项目员和以行业为区分的业务员，如畜牧、厨余环卫专属的两到三名业务员，再辅以五到六名其他行业区域的业务员，重点挖掘物流、农贸市场、化工、制药、造纸等行业需求，保持行业＋区域的业务员双重布局，保持行业与区域业务员的动态调整体系。同时，根据市场的实际变化，可以结合工业物联网九部，即物流行业的业务，使其与三部进行充分融合，合并后的三部成为物流行业专属的业务分部，形成畜牧、厨余环卫、物流三大业务分部及按地域分配的非三大业务四分部。

在研发体系中，按行业分工，业务线的建立一律对应产品经理线，一般由集成性的技术经理来领衔，共用的电气类如 PLC、DCS 及技术平台的不同产品线可分别加入对应的共性技术人员，专用的机械工程师安排于三部，可从元件类传、仪、软研发中心选人，加入不同产品线。传感器、仪表开发人员需加强动态计算、无线低功耗、AI 检测、多物理量、高精度以及防爆、防水、防雷、防腐等方面的创新，还有优秀的工业外观设计。

设立招投标及网络销售岗位和售前支持方案岗位，设立售后服务安装调试岗位和协同生产物料采购岗位，树立三部项目立足于以客户为中心的集成交货理念，并将此理念置于 IPD 工程推进落地体系。

在生产体系上，根据市场订单变化，逐渐定型产品；通过自主研发、投资并购、引进人才、技术转让等手段，对检重分选、失重检测、叉车改造、车载检测、灌装配料、自动输送等设备进行选择，也可在自主研发的设备基础上形成如控制箱、小地磅、平台秤、厨余专用称重设备、检重分选机等生产单元，打造部件标准化、非标定制化、现场组装化、安装迅速化的优秀交货体系，把三部逐步建设成多个业务分部、多条产品线、多样生产单元、多种

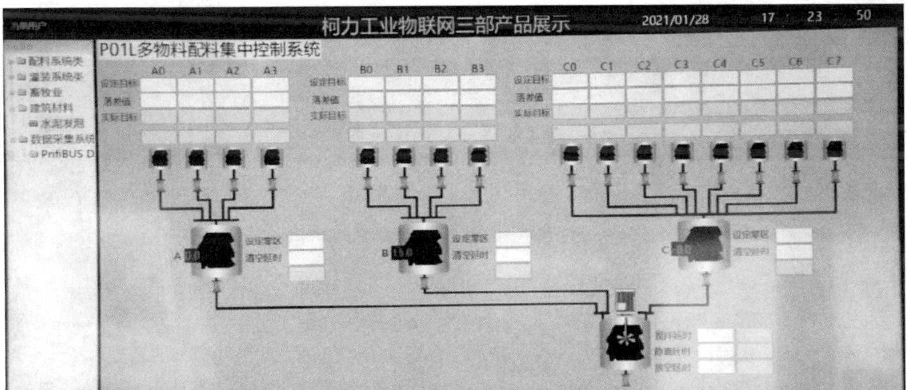

P01L 多物料配料集中控制系统

集成现有标准化+行业版+个性定制化方案产品的部门，实现人员超过五十人，销售超过五千万元，利润超过一千万元。

二是加快产品和技术变革。

按照市场需求和集中资源的重点，确定核心标志性产品的发展方向，梳理现有产品与市场需求，发现竞争力不足之处，结合柯力公司现有的技术平台，如人工智能中的图像合成、人机对话、人脸识别、云计算、大数据分析等平台，应用技术中的无人值守、远程监控、高速动态、防爆防雷、软件定制、工业机器人、3D视觉、气体和温湿度及压力多物理量传感器等平台，通信技术中的工业总线、网络总线、接口协议、无线数据传输、5G等平台，以及低功耗、编码加密、内码处理、接口保护等，同时结合公司技术人才现状，通过外招内培、并购重组、产学研合作、人才引进等手段，对畜牧行业中料塔原创技术的多物理量传感器自动免标定，定时监控、远程维护称重系统

考察安徽柯力公司生产车间

进行市场推广，并在安徽柯力公司建设面积为3000平方米的小衡车间，为畜牧业物联网称重设备扩产做好准备。寻求包括液态料在内的自动喂食投料系统产品立项开发，加速环工器市场调研，并做好研发前期准备。深入挖掘无人值守一卡通饲料过磅系统和动物宿舍多物理量传感器监控环境产品。

在物流行业中，重点推广现有的物联网衡器、灌装配料、棒棒称、车载及叉车改造等产品，重点组织好后续投放市场的体积测量、AGV搬运、检重分选等设备的应用开发计划落实，从市场中发现产品开发商机和合作机会。

对厨余环卫行业，要延伸产品链，提炼出厨余垃圾末端处理商业模式，提高车辆称重系统比例，改变只卖配件的现状。

对垃圾分类设备，从收集、转运、处理、减量减肥等环节中提出技术需求和产品开发方向，运用物联网平台增设后台管理系统、刷卡系统和大数据分析，善于利用行业中有一定市场的合作方，进行资本合作和市场投入。

对于车载，重点切入渣土、环卫、货车整车改装，跟踪好国家政策和车辆厂合作可行性变化，探索提高精度和性价比，集中资源找到核心应用场景，结合公司力量，进行市场所在产品的技术变革。

以方案解决为最终目标，以市场需求为方向，以市场业务和洞察商机的双重融合为发动机，以柯力公司现有各个业务板块含子公司和投资抓手为加速机，尽快确定一个崭新的三部产品体系，那就是行业总包 + 两个行业系统集成单，附有生产车间和三个以上行业的系统集成产品方案。

三是推进理念和机制变革。

首先，在思想上高度重视三部的作用，要寻找明确的行业、产品、市场三个定位，切入三大行业的不同产品链，确立三部在工业物联网行业应用场景中的定位，立足于称重传感器，归属于工业物联网，要有真正独立的市场定位，有所作为，加大投入、立足变革，争取三年内能形成五千万元以上销售收入、一千五百万元利润、具有明显行业特征和竞争力的产品，形成有一定市场基础品牌的集团领导下的核心物联网公司，给予三部发展更多的想象力和更广的市场空间、更多的独立权责利。

其次，是下半年正式启动股权机制，让三部成为独立的子公司，无论是战略上还是产品市场上，都应放开三部发展的空间，通过员工现金投一部分、股权激励一部分、年终奖励转化一部分，让三部的主要骨干都成为股东。在符合法律法规的前提下，布局更大的责权利分配体系，在处理好母公司传、仪市场规则冲突的前提下，让三部管理层拥有更多投资、财务、业务、研发决策权。在符合基本制度规则和财务审计规范的前提下，共享人力、行政、法务、技术、品控、采购等资源，让三部更有效、更多地参与决定后续经营方向的产品决策、投资对象、人事安排等。

最后，根据三部发展壮大和柯力公司物联网战略推进的进程，把集团公司更多子公司产品、事业部、投资对象纳入三部发展的潮流中，将三部发展和集团资源充分糅合，将母公司这些年来自身工业物联网的资源，积累、转化为三部战略前进的动力，也通过三部的发展，使集团物联网发展走上一条有内涵、高质量的工业物联网良性循环发展之路，使集团战略更好地生根落地、茁壮成长。

工业物联网事业八部发展

畜牧业设备事业部，即工业物联网事业八部，是近年来战略落地的行业性应用部门，也是资源需求最大的部门。为了迅速抓住发展机遇，壮大畜牧业设备物联网应用，推进物联网战略，对八部做出以下发展部署：

一是以市场需求为先导，构建业务组织体系。

国内畜牧企业近年来逐渐接轨国际先进企业，其对设备自动化、信息化、智能化的需求愈加显现，呈现的市场机会也越来越多。柯力公司通过对国内著名畜牧业企业和中间设备制造商等客户进行走访，归纳总结出市场潜在的核心需求。其中市场部每月提出畜牧业行业分析报告，投资部每月提出畜牧行业上市公司分析报告，业务部每月总结报告等，三大部门市场协同分析行业趋势。

构建南北 3+3 业务员区域人员布局，在目前国内销售部已有的两千多万称重模块、料塔称重管理系统和三部已有的六百多万畜牧围栏秤和动物识别系统销售收入基础上，根据三大分析报告，确认既有的后续业务，巩固老客户、老产品，开拓新客户、新产品。根据市场分析报告，提炼出后续产品链延伸和新产品开发的计划，运用IPD工程成立畜牧业产品线多个项目新产品开发组。

构建适应整个行业需求的可复制核心产品，注意收集竞争对手的变化，加快传统产品成本创新，构建差异化产品体系，以适应市场竞争。新产品一定要结合AI、无线低功耗、动态、多物理量、防爆、防雷、防腐、防作弊、低温、物联网大数据、自故障分析等十多种技术平台，构建技术壁垒和树立行业品牌；在销售策略中，建设终端用户、设备中间商、系统集成商、安装服务商等多种渠道，运用百度搜索广告、展会、专业媒体等促销手段来快速推进市场推广，同时在物联网城市客厅中建立畜牧业设备专区和行业微信群，充分领悟市场特性。

构建业务重点突破复制思路和新客户、新产品奖励体系，对做出贡献的业务员和市场团队给予额外奖励。构建客户产品定制化和APS中合理存量及物流中心仓储体系，构建国内销售服务部门兼职服务人员和八部自身专职服务人员体系，安排市场部门招投标专员紧盯八部招标业务。

二是以市场订单为中心，筑建产品开发体系。

八部重点产品发展方向包括围栏秤、环控器、料塔及称重系统、喂料系统、无人值守一卡通称重系统、动物识别和体重监测系统。在围栏秤、料塔及称重系统、无人值守一卡通称重等现有产品体系上，立足于已研发产品，结合下一步的产品差异化及成本控制，结合料塔数字化免标定、多物理量传感器融合、4G物联网称重系统、料塔实时监控界面和远程App标定界面等技术创新的手段，结合无人值守汽车衡过磅物联网体系，进一步确立现有产品的技术优势和下一步市场推广手册。同时，在产品开发体系中，对环控仪进行立项开发或投资，重点研究动物宿舍中温度、湿度、红外、称重、压力等多物理量传感器结合的、可以在现场检测的物联网仪表和在管理办公室实时检测的中央数据处理中心，并结合柯力公司现有的物联网体系，对监测的防作弊、自故障分析、多个场景的物联网应用进行串联，从而形成综合性的、应用大数据的系统。研发分别对饲料进出、抽样、仓储、分流、喂食及动物数量、重量实时监测的系统，为畜牧业设备三化奠定基础。整个产品研发体系可以从称重部分入手，最终走向畜牧业装备的信息化和智能化，这也是物联网集成性公司的战略方向。

三是以市场机遇为责任，筹建事业部发展体系。

在投资上，建立每月一次的畜牧行业投资分析报告体制，发掘新三板及行业中成长较快的畜牧业装备企业，尤其对喂料、环控仪、整体解决方案中的优秀企业进行投资合作洽谈，争取年内投资一到两家正在成长中的企业，夯实八部发展的基础和优势。

在生产体系上，在安徽考虑扩展围栏秤生产场地协同小地磅生产，考虑后续生产其他的畜牧业硬件设备，如喂料系统和动物场舍的生产组装。

在总部生产体系上，考虑环控仪生产、专用物联网仪表生产及设备物联网化集成系统。

在中试环节上，建立与终端战略性合作客户长期中试合作基地，为新产品开发提供可持续试验基地，也为畜牧业产品线所有研发团队提供验证。

在部门协同上，由五部柯轩提供生产的机器人设备和动物 AI 视觉识别系统；四部提供无人值守一卡通畜牧业行业版产品，传、仪研发部门为料塔竞免标定、数字化及称重模块、物联网系统提供迭代开发的产品。尤其是目前畜牧业行业在逐步走向精准喂料的新发展趋势背景下，要重点研究突破不同种类动物，在不同体型、体重、体格条件下，给予每种动物不同配方、不同重量的喂食。

市场部每月提供行业分类报告，为柯力公司抓住市场每一个机遇提供决策依据，使柯力公司汇聚资源，为八部发展抓住重大机会，从而快速有效推进八部整体发展，使之成为物联网销售增长重要的一翼。

工业物联网事业九部发展

工业物联网九部以环卫改装、车载改装、叉车称重、体积测量、快递分选、检重分选为核心产品，结合立体仓库、工业相机、AGV 机器人、无人机、气体传感器、智能围栏等硬件配套体系，同时整合智能仓库管理系统、物流管理信息系统、车载物联网系统等软件平台，拓展整个大物流、大仓储行业。传感器仪表、智能制造工业机器人、智慧物流是柯力公司三大战略主线，工业物联网九部是以其中的物流产品为核心的事业部，因此，在柯力公司工业物联网战略下，九部在体制及战略上进行较大的创新探索具有深远的意义。

一是明确产品及市场定位。

九部产品具有一定的独特性，其每个产品都是一个独立的子系统，但是每个子系统之间又可以相互贯穿应用，同时还可以利用更多的技术平台，如人脸识别、RFID、图像识别、3D 视觉、高速动态、无线低功耗、语音播报、云计算云标定等，结合大数据、软件应用，研发更为智能的系统集成化产品和行业解决方案。

在元器件选择上，九部不局限于传统的应变式传感器和嵌入式称重仪表，而是广泛融合了视觉传感器、电容式传感器、电感式传感器、柔性穿戴传感器。在仪表的选择上，则考虑把嵌入式仪表作为基础，同时选用更为美观的工业平板作为升级选择。

九部产品的市场定位既清晰又模糊。清晰的是，对于终端客户是谁，我们一直很明确。模糊的是，如何才能找到真正属于我们的客户，我们不清楚。九部产品的客户一般在设备使用者、归属者、监管者、制造者、销售者、维护者、整合者和知情者中。如环卫产品的客户隐藏在垃圾处理站、环卫局、设备厂、经销商、软件平台商、衡器客户中。车载产品客户根据车型，分布在车队、物流园、快递物流公司、水泥厂、承包商、软件平台商、衡器厂等处。叉车秤的客户可以在大型生产企业、叉车租赁方、叉车厂、属具厂、经销商、叉车维修方、软件平台方、衡器厂中寻找。快递分选客户在物

智能叉车称重系统 + 体积测量

流园、电商园、快递公司中。仓储项目客户要去生产型企业、港口中转仓、冷链仓、物流配送、医药行业领域挖掘，特别是仓储、物流产品线，应该加强点的突破，以宁波附近的电商园、物流园为突破口，以点带面，布局全国市场。

二是打造九部核心竞争力。

从战略上，九部要形成部门的核心竞争力。

首先是团队要年轻化，平均年龄保持在30岁以下，特别要注意培养年轻的管理干部，培养有冲劲的销售团队，培养有市场意识的研发人员。

其次是决策要短、平、快，发现新项目、新市场，要马上做，不要拖，要业绩，不要表面文章，要以点带面落实订单，一切以市场开拓为中心。

再次是产品要以单品销售为切入点，以整合合作商、子公司、产业园产品为手段，以九部独立销售为突破口，以带动国内、国际的线上、线下销售为增长点，逐步带领集团公司往工业物联网方向发展。如果把传统的传感器和仪表比作公司的发动机，那么九部就是涡轮增压，要给集团公司快速成长注入强劲的力量。

从战术上，稳健环卫称重改装市场的销售，是完成九部销售的关键。

这就需要加大对经销商的扶持力度，通过经销商起量来确保销售额的增长，同时加大对车企、软件公司等只需要传感器的客户的技术支持，引导用数字传感器来增强客户的黏性。起量叉车称重、棒棒秤的销售，落实量起后叉车称重、棒棒秤生产车间的建设。

加强海外市场的开拓，根据上半年的销售情况，再调整销售价格，给海外经销商更多的利润空间。

开拓整车改装市场，特别是对整车低精度后装市场的把握，需抓住政策导向，甚至引导政策落地。

尝试对新市场、新需求的挖掘，对仓储、分选、检重行业，要勇于尝试，通过整合各种资源,必须完成从 0 到 1 的突破。

创新产品跨领域销售。在投资渠道和合作商渠道方面,再深度挖掘产品,除了保证九部销售以外,再带动一部分传感器和仪表的销售增长。在体积测量仪方面,一方面寻求设备配套,嵌入整套物流设备;另一方面,承接系统物流设备,来提升体积测量的销售竞争力。

三是加快集团化下的创新变革。

在人力资源创新方面:首先,要有明确的顶层设计方案,给愿干、肯干、踏实干的员工切实的利益分配,可以从利润中分配出一部分,也可以利用股权激励、期权激励的方式给予奖励。其次,在人才梯队的创新上,成立以 2 名产品经理,3—4 名核心项目经理,6—8 名机械、电子、软件工程师为骨干的研发团队。2021 年,加速人员到位,各项目穿插开发人员实行动态管理,做到在职控制与离职预防。再次,在人才培养上,实现两个两年计划,两年内培养一名 95 后年轻骨干为内部主管,为集团公司输送年轻干部,两年内培养一名研发人员往业务方向发展。最后,在人员管理上,允许和而不同,避免同而不和,对破坏团队稳定、慵懒怠慢者坚决予以淘汰,切实落实识人、用人、育人、淘人的人才策略。

在研发创新方面:遇到研发瓶颈时,要融合产业园、中国科学院、中国通信科学研究院、浙江大学、武汉大学等资源,真正将产学研落实到位。同时,也可以考虑其他社会资源,可以采用先委外设计,再转为投资的路线,促进研发和投资协同发展。在供应商选择上,不要局限于自产,应从整个投资生态链上寻找合作企业,在特殊情况下,甚至可以为了完成订单而选择竞争对手的产品。

在服务创新方面:要推进九部产品的中试基地建设,同时将中试基地作为培养售前售后服务人员的培训基地。以创新样本、说明书、服务手册等文件的呈现方式,采取图文结合、虚实结合的模式,推广更通俗易懂的视频说明书和服务手册。人员上，合理利用各子公司、办事处等部门的售后人员，实现集团化售后服务。最后，从技术角度出发，实现仪表 OTA 远程升级、远程标定等功能，实现售后服务无人化。

四是推进投资并购及子公司协同发展。

在投资并购上，九部根据集团公司 5+10、3+2 的战略布局，建立和完善九部环卫称重产业链、物流仓储产业链、车载称重产业链、体积测量仪产业链布局图，根据布局图补链和找短链，完善产业链布局，寻找强链和深链，做大做强。最终，将九部继续拆分成三个事业部，即环卫事业部、仓储分拣自动化事业部、车载称重事业部。在投资上，从补链和短链中寻找投资目标，快速拉动销售，在行业内树立典型，并促成投资公司上市，同时将以技术研发为主的公司作为辅助投资对象，夯实技术地基。

在子公司协同上，遵循多交流、多沟通的原则。除了母公司安排的中高层交流外，还要加强技术和技术、业务和业务、技术和业务之间的相互沟通，从交流中发现新的产品发展方向，发现新的应用场景。

在销售中应“善变”，即善于变通，善于整合集团公司资源，将集团公司可提供的产品、服务、解决方案完整地呈现给客户，让客户想找产品时，第一时间想到柯力。

南京展会后的发展策略

2020 年 12 月疫情期间，第十三届南京国际物联网展览会（以下简称南京展会）正常举办，但是与大家预料的一样，规模和参观人员都大幅度缩减。我们在科学严谨的防疫措施下，勇敢参展，把柯力公司发展的现状展示给客户、同行、观众，同时也向同行学习先进经验、向客户获取反馈，深入理解行业需求。

从南京展会中看，通过这三年的物联网战略深化与落地，我们更加确认了五个“坚定”。

一是坚定加快非衡物联网发展。

在展会上，同行无论展示的是环卫、渣土、厨余等车载改造设备，还是智能仓储、溯源农贸称、商贸自动结算系统等，这些传统衡器设备与行业应用场景的结合都越来越紧密。称重设备唯有走向自动化、信息化、智能化、物联化才有生命力，这一趋势在日后会愈加明显。

在目前柯力公司积极推行的“5+10”发展战略中，我们正在全力以赴追求十大应用行业的工业物联网应用落实。南京展会后，我们要通过多点投资，直接在产业园区建立合资公司；引入3D视觉工业相机生产线和算法团队，组建物流、鞋服、3C、汽车配件制造四大工业自动化机器人事业部及业务团队；筹划柯力公司的视觉系统和5G云计算平台，将数据中心应用从称重物联网扩大到视觉5G。此外，也要将柯力公司的国内外销售、研发、PCB生产、实验、检测、采购等资源导入新的合资公司，将合资公司的资源输入产业园区和现有的客户链中，包含设备供应商和物流设备制造商。

要通过自行研发组建和OEM、投资合作等方法，在物流车辆上，重点考虑货车车载改造、叉车称重模块、AGV搬运机器人；在物流过程中，重点考虑快递小哥的蓝牙小称、体积测量仪和门店自动收发件，结合无人货柜、货站中转轻泡和重量自动测算，货站中大小地磅称重物联网体系和分拣检查系统；在物流管理体系集成中，重点布局车辆物联网、无人值守称重物联网、物流大数据平台和物流园区、仓储管理信息化等软件集成系统。

这些物流行业的产品，不仅体现在快递、物流等公司上，也体现在制造、零售、商贸等行业中，要通过持续的市场调研和走访，从市场需求中梳理出一个布局，这个布局从3D视觉出发，归于物流信息化，尤其是侧重于物流设备物联网解决方案的公司，要重点发展物流设备物联网产业链的布局。努力形成上下游企业相互赋能，共同为客户提供更多的行业解决方案和更完整的产业供给格局。包括并不限于为物流准确计量、最小包装推荐、减少包装冗余、仓储空间合理规划、物流货物成本检测、物流设备在线监测和远程服务、物流园区合理布局、物流人员工效分析提升等新的功能，进入提升物流效益的4.0版装备和智能时代。

同样的思路还可应用于畜牧业中的饲料塔管理、自动喂食系统、饲料出入、养殖场无人值守、一卡通管理系统、动物的体重或体积测量系统等；环保行业中的固化、危化品仓储移动、处置中所涉及的安全、体重、耗用等大数据的监测过程中，推进非衡物联网设备发展。

二是坚定深挖传统产品的“护城河”。

对于传统传、仪产品，在激烈的试产竞争下，要有完备的成本控制思路。

在材料成本上，可以通过多种途径，如替代、供应商整合、自主生产、邻居配送、财务杠杆、新供应商开拓、量产、新事业部、产业园区 OEM、微利产品供应链协同、销售收入提升等来实现，实现年成本同比减少两千万元以上的效果。

在制造费用上，则可以通过设备自动化、工艺革新、搬运创新、精益生产、机物料成本控制、水电费优惠、多余产能共享创收等办法，实现年节约四十万以上工时，进而实现制造费用总额减少千万元以上。

在销售策略上，重点是开拓非衡行业的应用销量、高端产品销售额，中低端产品则通过年度协议和新客户来开拓经销渠道，直通厂商、定制保护，加大赠送软件、无人值守配件、运营费用、导线、高端产品等的力度转移成本压力，辅以非标、非衡差异化产品销售量的提升。这样一来，既能稳定低价产品的销量，又能提升产品毛利率和总利润额，使传统产品直面竞争时，有深深的“护城河”来维持市场份额，从而实现产品毛利率和总的净利润保持与销量同步增长，甚至能够将多余的利润同步转化为研发投入，更多、更好地保护高端、非标、非衡、集成性成品开发，维护好 IPD 工程推行，争取更多的无人班组、工段投入使用，实现公司利润持续增长。

三是坚定发挥展会的品牌传播力量。

经过二十多年的发展，柯力公司已成为全球主要的力学传感器生产制造企业，也成为中国的工业物联网，而且是称重物联网的拓荒者。南京展会很好地展示了柯力公司在智能物联中向前迈进的步伐，让市场能够了解柯力公司的十大物联网战略，突出了高端产品、智能分级等传统产品的亮点，诠释了从传统元件产品走向行业物联网开拓的历程。

在未来的展会上，我们既要学习同行的先进产品，如新的底层结构和驱动物联网仪表、二维码扫码、PDA手持机、便捷的无人值守软件等，也要在未来的展会上更聚焦于柯力公司战略，增加流量、气体、温度、湿度等多种物理量传感器展示，增设销量超亿的事业部和需要衡器的行业客户作为经销渠道建设的新事业部，让这两个事业部的实物产品、视频、灯箱等占据展位核心，将一部分客户引入展位中，并将洽谈区设置于重点核心产品区域，能够使参观者更全面准确地了解工业物联网发展中可以合作的事业部产品，从而有力地促进事业部的发展、引导行业的转型。

展会同时还展示柯力公司智能制造和信息化内容，突出产品的品质可靠和效率领先，体现柯力公司数字化产品的制造战略。要展示产业生态与资本合作中生机勃勃的产业园区，展示柯力公司在股权激励、IPD、精益生产上的管理创新和青春奋斗、团结向上的企业文化。

通过全方位、多层面的展会展示，进一步把衡器展会的战略意义传播

中国国际衡器展会宁波柯力公司工作人员合影

到交通、建机、畜牧业、物流、建材、环保设备等行业展会中去，按年度规划参与这些行业展会，并争取开拓线上国贸，如国内的柯力视频、网站、直播展示，让365天，天天是展会。

四是坚定落实市场要求改善的措施。

通过展会这面镜子，也能反射出我们存在的不足，倒映出我们需要改善的细节。不管是同行的摊位展示优点还是与客户的交流技巧，我们必须在展会落幕后抓紧实施改善措施。

在产品毛利上，关注大屏幕亮度、蓝牙等功能，关注EDS产品相关附件、防水接头的可靠品质，关注无人值守一卡通物料软件制作同期和客户信息需求的对接，关注工控仪表功能完善尤其是响应速度和非标、非衡产品动态叉车仪表的成本。加快立项W2101第三线物联网系统和开发高精度并携有二维码标签的台秤仪表，调研分析微型传感器市场，加强无人值守一卡通物料（如读码器、红绿灯、控制箱等）的安装方式和定制差异化，加速多物理量传感器融合力度和自补偿、自调整、自适应智能化传感器研发。

在市场信息上，要建立信息收集工作思路和完整总结参展人员信息，重点跟踪核心竞争对手及其产品开发情况、重点市场需求变化和走势。

在技术管理上，要有市场新产品投放用户反馈和竞争壁垒建议，同时注意获取对展会展品有侵害我司专利的证据链，加强专利保护。

在投资信息上，要有下一步接触的渠道建设，即对所有参展企业和展会信息进行筛选，寻找符合柯力公司投资原则的企业，为展会后投资项目推进奠定基础。

五是坚定信心推进IPD工程。

南京展会明确告诉我们，市场的需求一定是最终有竞争力的解决方案，而不仅仅是单一的产品。这就要求研发人员除了具有前瞻性、基础性、平台性的技术储备式开发和深度创新能力外，还要充分理解与领悟、感受与把握市场需求，从需求出发进行产品开发，并协同多个部门、多个项目组人员，共同为项目的全过程而努力。

人力部要加快开拓人员招聘渠道，提升研发人员，包括产品经理、项目经理的招聘速度。产品经理或项目经理除人品、文化程度外的招聘门槛可以适当下降，扩充研发人员后备，加大研发人员的非研发内容培训力度，如财务、品管、沟通、市场调研等。改革研发人员薪酬方案，支持重大创新的项目。

在产品经理的管理制度上，要积极补充标准、规范、软件检测内容，汇编技术平台和子系统平台，明确投标执行流程和条件，准备流标和独家投标的处理方案，设置招投标竞标的条件和中标分数标准，建立中标后开发失败、延误处置方案和其他项目组竞合资源构件，建立每月结项的新产品公告和市场推广体系，建立核心开发专业技能人员不少于 2 人的研发人力资源储备和预防独苗开发人员的方案，适当储备人工智能和大数据研发人员。

适当放宽预算体系。对小于五百元的研发费用直接报销，不必进入预算，只需在决算中说明；对小于五千元的研发费用，可以直接使用，后补预算；对五千元以上研发费用，一般按照预算流程执行，但可以先使用后追加，直接由产品经理审批即可。

同时，注重研发微信群或者专用 OA 群的功能，如：发布产品市场调研信息、项目招投标、月度总结的推进、重大项目进展、产品研发人员获得产品经理奖励情况等。

南京展会虽然已经落幕，但是服务客户、成就客户的工作仍将持续。我们务必要为客户提供更具性价比的产品，提供更能引领物联网的应用方案，提供更多创新性的服务，以更饱满的奋斗精神，全力奋进于传感器 + 物联网战略的道路上。